大方廣佛華嚴經第四十九卷變相

普賢行品三十

大方廣佛華嚴經

일러두기

1. 『대방광불화엄경 강설』원문原文의 저본底本은 근세에 교정이 가장 잘 되었다고 정평이 나 있는 대만臺灣의 불타교육기금회佛陀敎育基金會에서 출판한 『화엄경소초華嚴經疏鈔』본입니다.

2. 『대방광불화엄경 강설』은 실차난타實叉難陀가 695년부터 699년까지 4년에 걸쳐 번역해 낸 80권본卷本 『대방광불화엄경』을 우리말로 옮기고 강설을 붙인 것입니다.

3. 『대방광불화엄경』은 애초 산스크리트에서 한역漢譯된 경전이지만 현재 산스크리트본은 소실된 상태입니다. 산스크리트를 음차한 경우 굳이 원래 소리를 표기하려고 하기보다는 『표준국어대사전』이나 『불교사전』 등에 등재된 한자음을 사용하는 것을 원칙으로 하였습니다.

4. 경문의 한글 번역은 동국역경원본을 참고하여 그대로 또는 첨삭을 하며 의미대로 번역하고 다듬었습니다.

5. 각 품마다 내용에 따라 단락을 나누고 제목을 달았습니다. 단락의 제목은 주로 청량淸凉스님의 견해에 기초하였고 이통현李通玄장자의 견해를 참고로 하였습니다.

6. 『대방광불화엄경 강설』의 발행 순서는 한역 경전의 편재 순서를 기준으로 하였고 각권은 단행본 한 권씩으로 출간될 예정이며 모두 80권으로 완간됩니다. 다만 80권본에 빠져 있는 「보현행원품」은 80권본 완역 및 강설 후 시리즈에 포함돼 추가될 예정입니다.

7. 『대방광불화엄경 강설』안에서 불교용어를 풀이한 것은 운허스님이 저술하고 동국역경원에서 편찬한 『불교사전』을 인용하였습니다.

8. 각주의 청량스님의 소疏는 대만에서 입력한 大方廣佛華嚴經 사이트의 것을 사용하였습니다.

9. 『대방광불화엄경 강설』입법계품에 들어가는 문수지남도는 북송北宋시대 불국佛國 선사가 선재동자가 53명의 선지식을 친견하여 법을 구하는 장면을 하나하나 그림으로 그린 것입니다.

대방광불화엄경 강설
제 49 권

三十六. 보현행품普賢行品

실차난타實叉難陀 한역
무비스님 강설

서문

다행히 불법 만나 사람이 되어
다겁多劫을 수행하여 성불成佛에 가깝더니
병중病中에 있는 이에게 솔바람이 불어와서
진심瞋心을 한번 내고 뱀이 되었소.

천당과 불찰과 지옥이 따로 있겠소.
오직 마음으로 지어서 이뤄진 것을.
나도 일찍이 비구 스님이었으나
뱀의 몸을 받고 보니 한이 많습니다.

이 몸이 부서져서 가루가 되더라도
다시는 진심을 안 내려 하오.
스님이 만약 다른 곳에 가거든
나의 말을 전하여 경계해 주소.

대방광불화엄경 강설

정신은 멀쩡하나 말을 할 수 없어서

꼬리로 글을 써서 진정을 알리노니

스님은 이 글을 벽에 써 붙이고

진심이 많은 사람 쳐다보게 하시오.

마음에 성 안 내면 참다운 보시요

입 가운데 성 안 내면 미묘한 향이요

얼굴에 성 안 내면 참다운 공양이요

기쁨도 성냄도 없으면 진상도리眞常道理인가 하오.

금강산 돈도암頓道庵 홍도弘道 비구 씀

2016년 10월 15일

신라 화엄종찰 금정산 범어사

如天 無比

대방광불화엄경 목차

대방광불화엄경 강설 제49권

三十六. 보현행품普賢行品

대방광불화엄경 강설

제49권

三十六. 보현행품

불교에서는 지혜를 가장 중요하게 여기면서 한편 그 지혜가 구체적 실천행으로 나타나기를 강조한다. 일상생활에 구체적 실천행으로 나타내는 것을 흔히 보살행이라 하고, 보살행으로는 보현보살의 행을 그 대표로 삼는다.

보현보살의 행에는 수많은 것이 있겠으나 보현행원품에서는 열 가지 행원行願을 권하였고, 이 보현행품普賢行品에서는 딱 한 가지만을 지적하여 실천할 것을 강조하였다. 그것은 곧 성내는 마음을 일으키지 않는 것이다.

경에 말씀하시기를, "불자여, 나는 어떤 법의 허물이라도 보살들이 다른 보살에게 성내는 마음을 일으키는 것보다 더 큰 허물을 보지 못하였노라. 왜냐하면 불자여, 만약 모든 보살이 다른 보살에게 성내는 마음을 일으키면 곧바로 백만 가지의 장애되는 문을 이루게 되기 때문이니라."라고 하였다. 또한 "만약 성내는 마음을 일으키면 보리菩提를 보지 못하는 장애와, 바른 법을 듣지 못하는 장애와, 부정한 세계에 태어나는 장애와, 온갖 나쁜 길에 태어나는 장애 등 무려 백만 가지 장애가 생기느니라."라고 하였다.

그러므로 보살이 보살의 행을 빨리 만족하려면 모든 중

생을 버리지 않고, 모든 보살을 여래와 같이 생각하고, 부처님의 법을 비방하지 말고, 보살의 행에 믿고 좋아함을 내는 등 열 가지 법을 닦아야 하고, 열 가지 법에 머물게 되면 열 가지 청정함을 구족하는 등으로 위가 없는 바른 깨달음을 얻어서 삼세의 모든 부처님과 평등하게 된다고 설하고 있다.

1. 중생의 근기에 따라서
여래의 경계를 설하다

이시   보현보살마하살   부고제보살대중
爾時에 普賢菩薩摩訶薩이 復告諸菩薩大衆

언   불자 여향소연   차단수중생근기소
言하사대 佛子야 如向所演은 此但隨衆生根器所

의   약설여래소분경계
宜하야 略說如來少分境界니라

그때에 보현보살마하살이 다시 보살 대중들에게 말
하였습니다. "불자여, 지난 적[如向]에 말한 것은 다만 중
생의 근기에 마땅함을 따라서 여래 경계의 일부분만을
간략히 설한 것이니라."

보현보살의 실천행에 대해 가장 중요한 한 가지만을 설
하려는 것이 보현행품이다. 그동안 설하신 모든 법문은 아

무리 많아도 모두가 중생의 근기에 마땅함을 따라서 여래 경계의 일부분만을 간략히 설한 것이다. 더구나 이 보현행품은 딱 한 가지, 사람들의 성내는 마음을 지적하여 그것을 다스리려고 설한 법문이다. 그러므로 그 서두가 성내는 사람의 근기에 맞춰서 조금만 설한다고 한 것이다.

何以故오 諸佛世尊이 爲諸衆生의 無智作惡하며

計我我所하며 執着於身하며 顚倒疑惑하며 邪見分

別하며 與諸結縛으로 恒共相應하며 隨生死流하며 遠

如來道故로 出興於世하시니라

"왜냐하면 모든 부처님 세존께서는 모든 중생들이 지혜가 없어 나쁜 짓을 하고, 나와 내 것이라 억측하며, 몸에 집착하고, 뒤바뀌게 의혹하고, 삿된 소견으로 분별을 내어 여러 가지 결박과 항상 같이 어울리며, 생사의 흐름을 따르고, 여래의 도를 멀리하는 연고로 세상에 나시느니라."

중생들은 지혜가 없어서 '나'가 없는데도 그 없는 나에 집착하고, '나'가 없으니 나의 것이 있을 수 없는데도 나의 것이라고 집착한다. 중생들의 일체 번뇌와 미혹과 고통이 여기에서부터 시작된다. 세존께서는 중생들이 이와 같은 삿된 소견 때문에 여래의 바른 길을 멀리하는 것을 안타깝게 여겨서 그들을 가르치려고 세상에 출현하신 것임을 밝혔다.

2. 성내는 마음의 백만 가지 장애

불자   아불견일법   위대과실   여제보살
佛子야 **我不見一法**도 **爲大過失**이 **如諸菩薩**이

어타보살   기진심자   하이고   불자   약제
於他菩薩에 **起瞋心者**로니 **何以故**오 **佛子**야 **若諸**

보살   어여보살   기진에심   즉성취백만장
菩薩이 **於餘菩薩**에 **起瞋恚心**하면 **卽成就百萬障**

문고
門故니라

"불자여, 나는 어떤 법의 허물이라도 보살들이 다른 보살에게 성내는 마음을 일으키는 것보다 더 큰 허물을 보지 못하였노라. 왜냐하면 불자여, 만약 모든 보살이 다른 보살에게 성내는 마음을 일으키면 곧바로 백만 가지의 장애되는 문을 이루게 되기 때문이니라."

사람들의 성내는 마음의 허물이 얼마나 크면 "나는 어떤 법의 허물이라도 보살들이 다른 보살에게 성내는 마음을 일으키는 것보다 더 큰 허물을 보지 못하였다."고 하셨을까. 또 "만약 모든 보살이 다른 보살에게 성내는 마음을 일으키면 곧바로 백만 가지의 장애를 이룬다."고 하였다. 한마디로 요약하면 인생사 모두는 성내는 마음 한 가지로 다 끝나버린다는 뜻이다. 아래에는 참으로 많은 종류의 장애를 들었다.

하등 위백만장 소위불견보리장 불문정
何等이 爲百萬障고 所謂不見菩提障과 不聞正

법법장 생부정세계장 생제악취장 생제난처
法障과 生不淨世界障과 生諸惡趣障과 生諸難處

장 다제질병장 다피방훼장 생완둔제취장
障과 多諸疾病障과 多被謗毀障과 生頑鈍諸趣障

괴실정념장 궐소지혜장
과 壞失正念障과 闕少智慧障과

"무엇을 백만 가지의 장애라 하는가. 이른바 보리菩提

를 보지 못하는 장애와, 바른 법을 듣지 못하는 장애와, 부정한 세계에 태어나는 장애와, 온갖 나쁜 길에 태어나는 장애와, 모든 어려운 곳에 태어나는 장애와, 온갖 질병이 많은 장애와, 비방을 많이 받는 장애와, 모든 우둔한 길에 태어나는 장애와, 바른 생각을 파괴해 버리는 장애와, 지혜가 모자라는 장애이니라."

성내는 마음에 무슨 깨달음과 불심과 지혜와 자비가 있겠는가. 또 성내는 마음에 무슨 바른 가르침이 귀에 들어오겠는가. 옆에서 아무리 좋은 말을 해도 들으려 하지 않는다. 성내는 마음은 성내는 순간부터 그 자체가 곧 부정하고 더럽고 험하고 흉악한 세상에 태어난 것이 된다. 그러므로 아무것도 되는 일이 없다. 세상에서 성내는 마음보다 더 중한 병고는 없다. 또한 모든 사람들이 성내는 사람을 보고는 독사를 본 듯이 회피한다. 썩은 시체를 본 듯이 도망간다. 비판하고 싫어한다. 못 볼 것을 본 것처럼 여긴다. 성을 내면 아무런 생각도 나지 않고 바보가 된다. 그래서 바른 판단을 하지 못하고 그나마 있던 지혜와 지식마저 다 사라져 버린다. 아, 성내는 마음의 장애가 얼마나 무서운가. 이 경문을 읽는 동안 몇 번이고 '이제부터는 아무리 화나는 일이 있더라도 화를 내지 않도록 해야지.' 하는 다짐을 하게 된다. 그리고 화를 내지 않는 사람들이 저 높은 하늘처럼 쳐다보인다.

안장   이장   비장   설장   신장   의장   악
眼障과 **耳障**과 **鼻障**과 **舌障**과 **身障**과 **意障**과 **惡**

지식장   악반당장   낙습소승장   낙근범용장
知識障과 **惡伴黨障**과 **樂習小乘障**과 **樂近凡庸障**과

"눈의 장애와, 귀의 장애와, 코의 장애와, 혀의 장애와, 몸의 장애와, 뜻의 장애와, 악지식惡知識을 만나는 장애와, 나쁜 동무를 만나는 장애와, 소승小乘을 좋아하는 장애와, 용렬한 이를 가까이하기를 좋아하는 장애이니라."

사람에게 온전한 눈과 귀와 코와 혀와 몸과 뜻이 있다 하더라도 성내는 마음을 일으키는 순간 아무런 쓸모가 없는 것이 되고 만다. 쓸모가 없을 뿐만 아니라 독사나 구렁이의 것이 되고 만다. 썩어서 악취를 풍기는 송장의 것이 되고 만

대방광불화엄경 강설

다. 참으로 몹쓸 장애가 된다. 양귀비나 춘향이의 눈과 귀와 코와 혀와 몸이면 무슨 소용이 있는가. 성을 내면 썩어서 악취를 풍기는 송장의 것이 되고 마는 것을.

또 성내는 마음은 악지식과 악한 친구를 만나게 한다. 소승을 좋아하고 용렬한 이를 가까이하기를 좋아한다. 화엄경과 같은 보살대승법을 멀리하니 어찌 안타까운 일이 아니겠는가. 성내는 마음을 경계하고 또 경계할 일이다.

불신락대위덕인장　낙여리정견인동주장
不信樂大威德人障과 樂與離正見人同住障과

생외도가장　주마경계장　이불정교장　불견
生外道家障과 住魔境界障과 離佛正敎障과 不見

선우장　선근유난장　증불선법장　득하열처
善友障과 善根留難障과 增不善法障과 得下劣處

장　생변지장
障과 生邊地障과

"큰 위엄과 덕이 있는 이를 믿지 않는 장애와, 바른 소견이 없는 사람과 함께 있기를 좋아하는 장애와, 외

도의 집에 태어나는 장애와, 마군의 경계에 머무는 장애와, 부처님의 바른 가르침을 떠나는 장애와, 선지식을 보지 못하는 장애와, 착한 뿌리를 가로막는 장애와, 착하지 못한 법이 늘어나는 장애와, 하열한 곳을 얻게 되는 장애와, 변방에 태어나는 장애이니라."

　위엄과 덕이 있는 이를 믿지 않을 뿐만 아니라 시기하고 질투하며 헐뜯고 비방한다. 이것은 다 성을 잘 내는 사람들, 못난 사람, 소인배들이 하는 소행이다. 또 바른 소견이 없는 사람과 함께 있기를 좋아하여 외도의 집에 태어난다. 마군의 경계에 머물며 특히 부처님의 바른 가르침을 떠나게 된다니 두렵고 두려운 일이다. 또 성내는 일에는 선지식을 보지 못하는 장애와, 착한 뿌리를 가로막는 장애와, 착하지 못한 법이 늘어나는 장애와, 하열한 곳을 얻게 되는 장애와, 변방에 태어나는 장애가 줄줄이 늘어서서 기다리고 있다. 또한 아프리카나 밀림 속의 오지 마을같이 외로운 곳에 태어난다니 참으로 두렵고 두렵다. 절대로 화를 내지 말아야 할 것이다.

생 악 인 가 장　　생 악 신 중 장　　생 악 룡 악 야 차
生惡人家障과　生惡神中障과　生惡龍惡夜叉

악 건 달 바 악 아 수 라 악 가 루 라 악 긴 나 라 악 마 후
惡乾闥婆惡阿修羅惡迦樓羅惡緊那羅惡摩睺

라 가 악 나 찰 중 장　　불 락 불 법 장　　습 동 몽 법 장
羅伽惡羅刹中障과　不樂佛法障과　習童蒙法障과

낙 착 소 승 장　　불 락 대 승 장　　성 다 경 포 장　　심 상
樂着小乘障과　不樂大乘障과　性多驚怖障과　心常

우 뇌 장　　애 착 생 사 장
憂惱障과　愛着生死障과

　"악한 사람의 집에 태어나는 장애와, 나쁜 귀신 중에
태어나는 장애와, 나쁜 용과 나쁜 야차와 나쁜 건달바
와 나쁜 아수라와 나쁜 가루라와 나쁜 긴나라와 나쁜
마후라가와 나쁜 나찰 속에 태어나는 장애와, 불법을
좋아하지 않는 장애와, 아이들의 법을 익히는 장애와,
소승을 좋아하는 장애와, 대승大乘을 좋아하지 않는 장
애와, 놀라는 성질이 많은 장애와, 마음이 항상 걱정되
는 장애와, 생사에 애착하는 장애이니라."

　성내는 일은 또 악한 사람의 집에 태어나고, 나쁜 귀신

중에 태어나고, 나쁜 용, 나쁜 야차, 나쁜 건달바, 나쁜 아수라, 나쁜 가루라, 나쁜 긴나라, 나쁜 마후라가, 나쁜 나찰 등속에 태어나는 일이 계속해서 기다리고 있다. 만약 이 좋은 불법을 성내는 일로 인하여 좋아하지 않게 된다면 어찌한단 말인가. 어린아이나 소승들이 좋아하는 일을 하고 대승법을 좋아하지 않는다면 그것 역시 두려운 일이다. 또 놀라는 성질이 많다니 아마도 지난날 성질을 잘 냈는가 보다. 장난삼아 조그만 소리로 놀라게 하는데도 지나치게 놀라는 것을 보면. 참으로 부끄럽고도 두려운 일이다.

부전불법장   불희견문불자재신통장   부
不專佛法障과 **不喜見聞佛自在神通障**과 **不**

득보살제근장   불행보살정행장   퇴겁보살
得菩薩諸根障과 **不行菩薩淨行障**과 **退怯菩薩**

심심장   불생보살대원장   불발일체지심장
深心障과 **不生菩薩大願障**과 **不發一切智心障**과

어보살행해태장   불능정치제업장   불능섭
於菩薩行懈怠障과 **不能淨治諸業障**과 **不能攝**

취 대 복 장
取大福障과

"불법에 전념하지 못하는 장애와, 부처님의 자재한 신통을 듣고 보기를 기뻐하지 않는 장애와, 보살의 모든 근根을 얻지 못하는 장애와, 보살의 청정한 행을 닦지 못하는 장애와, 보살의 깊은 마음을 겁내는 장애와, 보살의 큰 서원을 내지 못하는 장애와, 일체 지혜의 마음을 내지 못하는 장애와, 보살의 행行에 게으른 장애와, 모든 업을 깨끗이 다스리지 못하는 장애와, 큰 복을 능히 거둬들이지 못하는 장애이니라."

또 화를 잘 내면 불법에 전념하지 못하는 장애와, 부처님의 자재한 신통을 듣고 보기를 기뻐하지 않는 장애가 있다니 참으로 견딜 수 없는 일이다. 또한 보살의 큰 서원을 내지 못하는 장애와, 일체 지혜의 마음을 내지 못하는 장애와, 보살의 행行에 게으른 장애도 절대로 있어서는 안 될 일이다. 자신을 포함한 모든 사람이 보살이 되기를 원하면서, 그리고 스스로 보살대승불교를 가장 이상적인 불교라고 늘 입에 달고 사는 사람으로서 견딜 수 없는 일이다. 그리고 성내는 마음을 일으키면 큰 복을 능히 거둬들이지 못하는 장애가 생기는 것은 당연한 일이다. 그동안 겨우 지니고 있던 작은 복마저 모두 달아나 버리지 않던가. 보현보살이 그 많은 불법 중에 딱 한 가지만을 지적하여 가르치신 까닭을 알고도 남을 일이다.

지력불능명리장　단어광대지혜장　불호
智力不能明利障과 **斷於廣大智慧障**과 **不護**

지보살제행장　낙비방일체지어장　원리제
持菩薩諸行障과 **樂誹謗一切智語障**과 **遠離諸**

불보리장　낙주중마경계장　부전수불경계
佛菩提障과 **樂住衆魔境界障**과 **不專修佛境界**

장　불결정발보살홍서장　불락여보살동주
障과 **不決定發菩薩弘誓障**과 **不樂與菩薩同住**

장　불구보살선근장
障과 **不求菩薩善根障**과

"지혜의 힘이 날카롭지 못한 장애와, 광대한 지혜를 끊는 장애와, 보살의 모든 행을 보호해 가지지 못하는 장애와, 일체 지혜로 하는 말을 비방하기 좋아하는 장애와, 부처님의 보리를 멀리 여의는 장애와, 여러 마군의 경계에 있기를 좋아하는 장애와, 부처님의 경계를 오롯하게 닦지 않는 장애와, 보살의 큰 서원을 결정적으로 내지 못하는 장애와, 보살과 함께 있기를 좋아하지 않는 장애와, 보살의 착한 뿌리를 구하지 않는 장애이니라."

그러지 않아도 평소에 지혜가 없어서 답답하고 또 한이 많은데 그것에 더하여 성내는 마음을 일으켜서 지혜의 힘이 날카롭지 못한 장애와, 광대한 지혜를 끊는 장애와, 일체 지혜로 하는 말을 비방하기 좋아하는 장애와, 부처님의 보리를 멀리 여의는 장애를 불러온다면 이는 얼마나 애석한 일인가. 또 마군의 경계에 있기를 좋아하는 장애와, 부처님의 경계를 오롯하게 닦지 않는 장애와, 보살의 큰 서원을 결정적으로 내지 못하는 장애와, 보살과 함께 있기를 좋아하지 않는 장애와, 보살의 착한 뿌리를 구하지 않는 장애 등 경문을 반복하여 읽을수록 참을 수 없는 일들이다. 실로 성내는 마음을 경계하고 또 경계할 일이다. 무수억만 번을 강조해도 지나치지 않을 일이다.

성 다 견 의 장　심 상 우 암 장　불 능 행 보 살 평
性多見疑障과 **心常愚闇障**과 **不能行菩薩平**

등 시 고　기 불 사 장　불 능 지 여 래 계 고　기 파 계
等施故로 **起不捨障**과 **不能持如來戒故**로 **起破戒**

장　불 능 입 감 인 문 고　기 우 치 뇌 해 진 에 장　불
障과 **不能入堪忍門故**로 **起愚癡惱害瞋恚障**과 **不**

능 행 보 살 대 정 진 고　기 해 태 구 장　불 능 득 제
能行菩薩大精進故로 **起懈怠垢障**과 **不能得諸**

삼 매 고　기 산 란 장　불 수 치 반 야 바 라 밀 고　기
三昧故로 **起散亂障**과 **不修治般若波羅蜜故**로 **起**

악 혜 장　어 처 비 처 중 무 선 교 장　어 도 중 생 중
惡慧障과 **於處非處中無善巧障**과 **於度衆生中**

무 방 편 장
無方便障과

"성품에 의심이 많은 장애와, 마음이 항상 어리석고
어두운 장애와, 보살의 평등한 보시를 행하지 못하는 탓
으로 버리지 못함을 일으키는 장애와, 여래의 계율을 지
니지 못하는 탓으로 계戒를 파하는 장애와, 견디고 참는
문에 들어가지 못하는 탓으로 어리석고 시끄럽고 성내
는 일을 일으키는 장애와, 보살의 큰 정진을 행하지 못

하는 탓으로 게으른 때를 일으키는 장애와, 모든 삼매를 얻지 못하는 탓으로 산란을 일으키는 장애와, 반야바라밀다를 닦지 못하는 탓으로 나쁜 지혜를 일으키는 장애와, 옳은 곳과 옳지 못한 곳에 대한 훌륭한 방편이 없는 장애와, 중생을 제도하는 가운데 방편이 없는 장애이니라."

또 화를 잘 내는 사람은 남을 의심하는 습관이 있다. 의심은 불교에서 말하는 다섯 가지 큰 번뇌에 속한다. 탐욕과 성냄과 어리석음과 교만과 의심이 다섯 가지 큰 번뇌다. 또 성내는 마음은 항상 어리석고 어두우며, 보살은 평등한 보시를 행해야 하는데 평등한 보시를 행하지 못하는 탓으로 제대로 된 보시를 행하지 못한다. 성내는 마음은 견디고 참지 못하는 탓으로 어리석고 시끄럽고 성내는 일을 일으킨다. 즉 견디고 참고 기다리는 감인대堪忍待를 실천하지 못한다. 정진을 행하지 못하고, 삼매를 얻지 못하고, 반야바라밀다를 닦지 못하고, 옳은 곳과 옳지 못한 곳에 대한 훌륭한 방편이 없다. 성내는 마음은 이와 같이 많고 많은 장애를 일으킨다.

어보살지혜중불능관찰장   어보살출리법
於菩薩智慧中不能觀察障과 於菩薩出離法

중불능요지장   불성취보살십종광대안고
中不能了知障과 不成就菩薩十種廣大眼故로

안여생맹장   이불문무애법고   구여아양장
眼如生盲障과 耳不聞無礙法故로 口如啞羊障과

불구상호고   비근파괴장   불능변료중생어
不具相好故로 鼻根破壞障과 不能辯了衆生語

언고   성취설근장   경천중생고   성취신근장
言故로 成就舌根障과 輕賤衆生故로 成就身根障

심다광란고   성취의근장   부지삼종율의고
과 心多狂亂故로 成就意根障과 不持三種律儀故

성취신업장
로 成就身業障과

"보살의 지혜 속에서 잘 관찰하지 못하는 장애와, 보
살의 벗어나는 법에서 분명하게 알지 못하는 장애와, 보
살의 열 가지 광대한 눈을 성취하지 못한 탓으로 눈이
배 안의 소경[生盲]과 같은 장애와, 귀로 걸림 없는 법을
듣지 못한 탓으로 입이 벙어리 양과 같은 장애와, 상호
相好를 갖추지 못한 탓으로 코가 망그러진 장애와, 중생

의 말을 잘 알지 못하는 탓으로 혀의 업을 이루는 장애와, 중생을 업신여긴 탓으로 몸의 업을 이루는 장애와, 마음에 어지러움이 많은 탓으로 뜻의 업을 이루는 장애와, 세 가지 계율을 지니지 못한 탓으로 몸의 업을 이루는 장애이니라."

성을 내는 마음에 무슨 지혜가 있으며, 생사에서 벗어나는 법을 어떻게 알겠는가. 또 성내는 마음은 앞이 캄캄하다. 아무런 안목도 없다. 귀에는 들리는 것도 없다. 입은 있어도 말을 못하는 벙어리 양과 같다. 신체의 모양을 갖추고 있어도 아무런 쓸모가 없이 되고 만다. 성내는 마음 때문에 아무런 기능을 하지 못하기 때문이다. 중생을 업신여긴다는 것은 중생을 버리는 일이다. 성내는 마음은 곧 상대를 버리는 일이다. 보살은 어떤 경우에도 사람을 버리는 일이 없다. 무슨 화를 내어 사람을 등지겠는가. 성내는 마음은 그것은 곧 마음에 어지러움이 많아서 미친 것이나 같다. 즉 광기를 부리는 일이다. 얼마나 무섭고 두려운가.

또 세 가지 계율이란 삼취정계三聚淨戒로서 대승보살의 계법戒法인데 섭율의계攝律儀戒 · 섭선법계攝善法戒 · 섭중생계攝衆

生戒이다. 대승계나 소승계나 온갖 계법 가운데 이 가운데 소속되지 않은 것이 없으므로 섭攝이라 하고, 그 계법이 본래 청정하므로 정淨이라 한다. 성내는 마음은 육근과 삼업이 모두 망가뜨려져서 그 무엇도 제 역할을 하지 못한다.

항 기 사 종 과 실 고　　성 취 어 업 장　　다 생 탐 진
恒起四種過失故로 成就語業障과 多生貪瞋

사 견 고　　성 취 의 업 장　　적 심 구 법 장　　단 절 보 살
邪見故로 成就意業障과 賊心求法障과 斷絕菩薩

경 계 장　　어 보 살 용 맹 법 중　　심 생 퇴 겁 장　　어 보
境界障과 於菩薩勇猛法中에 心生退怯障과 於菩

살 출 리 도 중　　심 생 나 타 장　　어 보 살 지 혜 광 명 문
薩出離道中에 心生懶惰障과 於菩薩智慧光明門

중　　심 생 지 식 장　　어 보 살 염 력 중　　심 생 열 약 장
中에 心生止息障과 於菩薩念力中에 心生劣弱障과

어 여 래 교 법 중　　불 능 주 지 장　　어 보 살 이 생 도
於如來教法中에 不能住持障과 於菩薩離生道에

불 능 친 근 장
不能親近障과

"네 가지 허물을 항상 일으킨 탓으로 말의 업을 이루는 장애와, 탐욕, 성냄, 삿된 소견을 많이 낸 탓으로 뜻의 업을 이루는 장애와, 도둑의 마음으로 법을 구하는 장애와, 보살의 경계를 끊는 장애와, 보살의 용맹한 법에 겁이 나서 물러가는 마음을 내는 장애와, 보살의 벗어나는 도에 게으른 마음을 내는 장애와, 보살의 지혜광명문에 그만두는 마음을 내는 장애와, 보살의 기억하는 힘에 용렬한 마음을 내는 장애와, 여래의 가르친 법에 머물러 지니지 못하는 장애와, 보살의 생사를 여의는 도道에 친근하지 못하는 장애이니라."

성내는 마음은 보살의 경계를 끊고, 보살의 용맹한 법을 구하지 못하고, 보살의 생사에서 벗어나는 도에 마음을 내지 못하고, 보살의 지혜광명문을 그만두게 되고, 보살의 기억하는 힘에 용렬한 마음을 내게 되고, 여래의 가르친 법에 머물러 지니지 못하고, 보살의 생사를 여의는 도에 친근하지 못하는 등 일체 보살이 하는 훌륭한 일을 한 가지도 이룰 수 없다. 성내는 마음이 이와 같거늘 어찌 다시 성을 내겠는가.

어보살무실괴도　불능수습장　수순이승
於菩薩無失壞道에 **不能修習障**과 **隨順二乘**

정위장　원리삼세제불보살종성장
正位障과 **遠離三世諸佛菩薩種性障**이니라

"보살의 무너짐이 없는 도를 닦지 못하는 장애와, 이승二乘의 바른 지위를 따르는 장애와, 삼세의 모든 부처님과 보살의 종성種性을 멀리 여의는 장애이니라."

대승보살의 길은 한 걸음도 가지 못하고 성문이나 연각과 같은 소승들이나 따르고, 끝내는 삼세의 모든 부처님과 보살의 종성種性을 멀리 여의는 장애까지 이루게 되어 부처님의 경계나 보살의 세계에 결코 가까이 가지 못하게 된다. 성내는 일이 그와 같거늘 성을 내고도 어찌 부처님의 법을 공부하는 불제자라 할 수 있으랴. 명심하고 또 명심할 일이다.

불자　약보살　어제보살　기일진심　즉
佛子야 **若菩薩**이 **於諸菩薩**에 **起一瞋心**이면 **則**

성취여시등백만장문　하이고　불자　아불
成就如是等百萬障門이니라 **何以故**오 **佛子**야 **我不**

견 유 일 법　위 대 과 악　여 제 보 살　어 여 보 살
見有一法도 **爲大過惡**이 **如諸菩薩**이 **於餘菩薩**에

기 진 심 자
起瞋心者호라

　"불자여, 만약 보살이 모든 보살에게 한번 성내는 마음을 일으키면 곧 이러한 백만 가지 장애되는 문을 이루게 되나니, 무슨 까닭인가. 불자여, 나는 어떤 법의 허물이라도 보살이 다른 보살에게 성내는 마음을 일으키는 것보다 더 큰 허물을 보지 못하였느니라."

　보살이 모든 보살에게 한번 성내는 마음을 일으키면 곧 이러한 백만 가지 장애되는 문을 이루게 되는데 여기에는 아주 간단하고 간략히 몇 가지만을 들었을 뿐이다. 다시 보현보살은 경계하여 가르친다. "나는 어떤 법의 허물이라도 보살이 다른 보살에게 성내는 마음을 일으키는 것보다 더 큰 허물을 보지 못하였다."

　실로 이제 와서 생각해 보니 성내는 마음보다 더 나쁜 마음이 없다. 더 추하고 못난 마음이 없다. 더 몹쓸 번뇌가 없다. 그래서 성내는 마음은 일체 공덕과 선행과 지혜와 능력

을 다 태워 버린다. 그래서 홍도弘道 비구의 사보蛇報에 대한 유명한 설화를 소개하여 성내는 마음을 더욱 확실하게 경계하고자 한다.

홍도 비구는 강원도 회양군 금강산 돈도암頓道庵이란 암자에서 수십 년을 독경과 염불과 참선을 하여 곧 부처님이 될 단계에 이르게 되었다. 그가 어느 때에 병이 들어 오랫동안 병석에 누웠다가 속이 답답하여 밖에 나와 소나무 아래에 요를 깔고 누워 있었다. 마침 세찬 바람이 일어나는 바람에 먼지를 뒤집어쓰게 되었고, 벗어 놓은 의복은 바람에 날려 달아났다.

그래서 그는 신경질이 일어나 펄펄 뛰며, "삼세제불三世諸佛도 소용이 없고 팔부신장八部神將도 믿을 것이 못 되는구나. 나와 같이 근고수행勤苦修行하는 사람을 병들게 하는 것도 틀린 일이지만, 바람까지 불어서 나를 괴롭게 하니 이래서 무슨 불교에 영험이 있다고 할 것이냐?"며 삼보三寶와 팔부신장을 비방하였다.

그랬는데 그날 밤에 토지신土地神이 나타나서 현몽現夢하

되, "네가 중노릇하며 공부를 하였어도 헛수고를 하였다. 불자는 자비로 집을 삼고 부드럽게 참는 것으로 옷을 삼으라 하였는데, 그까짓 병을 좀 앓고 바람이 좀 불었다고 하여 진심瞋心을 일으키니 그래서야 무슨 공부를 하였다고 할 것이냐? 부처님도 정업定業은 면하지 못하고 과보를 받으셨거든 네까짓 초심初心 비구일까 보냐! 네가 병이 난 것도 과거의 업보요, 바람이 분 것도 도량신이 네 마음을 시험해 보려고 한 것이거늘, 그런 것도 견디지 못하고 화를 내고 신경질을 일으켜서 팔부신장과 도량신을 불안케 하니 그게 무슨 체통이냐!" 하고 꾸짖더니 구렁이 껍데기를 씌웠다.

꿈을 깨고 보니 정신은 똑똑한데 몸은 이미 구렁이가 되어 있었다. 홍도 비구는 할 수 없이 돌담 속으로 들어갈 수밖에 없었다.

그 뒤에 수행승 한 분이 돈도암에 갔더니 서까래 같은 구렁이 한 마리가 마당에서 기어 다니고 있었다. 그 스님은 깜짝 놀라며 불쌍하게 여기고, "네가 이 절에서 공부는 하지 않고, 시주 은혜는 많이 입었으나 상주물常住物과 사중재물寺中財物을 비법非法으로 사용하였기 때문에 이런 사보蛇報를 받았구나." 하고 나무대방광불화엄경南無大方廣佛華嚴經 제목을 세 번 들려주고는, "만약 어떤 사람이 삼세 일체 부처님을 알고자 할진댄 마땅히 법계의 성품이 오직 마음으로 지은 것임을 알아라."라고 하는 화엄경의 요체 "약인욕요지若人欲了知 삼세일체불三世一切佛 응관법계성應觀法界性 일체유심조一切唯心造"를 일러 주었다.

그랬더니 그 구렁이는 부엌으로 들어가더니 꽁지를 아궁이에 넣어 재를 묻혀 부엌 바닥에 아래와 같은 글을 써 놓았다.

다행히 불법 만나 사람이 되어
다겁多劫을 수행하여 성불에 가깝더니
병중病中에 있는 이를 솔바람이 불어와서
진심瞋心을 한번 내고 뱀이 되었소.

천당과 불찰과 지옥이 따로 있겠소.
오직 마음으로 지어서 이뤄진 것을.
나도 일찍이 비구 스님이었으나

뱀의 몸을 받고 보니 한이 많습니다.

이 몸이 부서져서 가루가 되더라도
다시는 진심을 안 내려 하오.
스님이 만약 다른 곳에 가거든
나의 말을 전하여 경계해 주소.

정신은 멀쩡하나 말을 할 수 없어서
꼬리로 글을 써서 진정을 알리노니
스님은 이 글을 벽에 써 붙이고
진심이 많은 사람 쳐다보게 하시오.

마음에 성 안 내면 참다운 보시요
입 가운데 성 안 내면 미묘한 향이요
얼굴에 성 안 내면 참다운 공양이요
기쁨도 성냄도 없으면 진상도리眞常道理인가 하오.

금강산 돈도암頓道庵 홍도弘道 비구 씀[1]

이 글을 본 객승이 깜짝 놀라 구렁이에게 절을 하고는, "스님이 금강산에서 이름이 높은 홍도 스님이시구려. 스님은 금강산에서 공부를 하다가 업보를 받았지만, 업보가 아니라 보살의 만행이십니다. 업보라면 어찌 글을 쓰고 남을 경계하리까! 참으로 좋은 법문을 들었습니다."라고 하였더니 구렁이는 금시에 온 데 간 데가 없어졌다고 한다.

이 설화에서 유래하여 "한번 성내는 마음을 일으키면 뱀의 몸을 받는다[一起瞋心受蛇身]."는 말이 생겨나게 되었다. 성을 내고 뱀의 몸을 받는 것은 알 수 없으나 성을 낸 사람은 곧바로 뱀처럼 징그럽고 무섭게 보여 피하고 싶은 것이 사실이다. 반드시 경계하고 경계해야 할 일이다.

---

1) 幸逢佛法得人身 多劫修行近成佛 松風吹打病中席 一起瞋心受蛇身 天當佛刹與地獄 唯由人心所作因 我曾比丘住此庵 今受蛇身恨萬端 寧碎我身作微塵 更不平心起瞋心 願師還向閻浮提 說我形容誡後人 含情口不能記語 以尾成書露眞情 願師書寫縣壁上 欲起瞋心擧眼看 心裡無瞋眞布施 口中無瞋吐妙香 面上無瞋眞供養 無喜無瞋是眞常〈弘道比丘 謹書〉.

3. 장애를 다스리는 심묘深妙한 법

1) 열 가지 법을 부지런히 닦다

시고　　　제보살마하살　　욕질만족제보살행
是故로　諸菩薩摩訶薩이　欲疾滿足諸菩薩行인댄

응근수십종법　　하등　위십　소위심불기사
應勤修十種法이니　何等이　爲十고　所謂心不棄捨

일체중생　어제보살　생여래상　영불비방
一切衆生하며　於諸菩薩에　生如來想하며　永不誹謗

일체불법　지제국토　무유궁진　어보살
一切佛法하며　知諸國土가　無有窮盡하며　於菩薩

행　심생신락　불사평등허공법계보리지심
行에　深生信樂하며　不捨平等虛空法界菩提之心

관찰보리　입여래력　정근수습무애변
하며　觀察菩提하야　入如來力하며　精勤修習無礙辯

재   교화 중 생   무 유 피 염   주 일 체 세 계
才하며 **教化衆生**호대 **無有疲厭**하며 **住一切世界**호대

심 무 소 착   시 위 십
心無所着이 **是爲十**이니라

"그러므로 보살마하살이 모든 보살의 행을 빨리 만
족하려거든 응당 열 가지 법을 부지런히 닦아야 하나
니, 무엇이 열인가. 이른바 마음에 일체 중생을 버리지
않음과, 여러 보살에게 여래라는 생각을 내는 것과, 일
체 불법을 영원히 비방하지 않음과, 모든 국토가 다하
지 않음을 아는 일과, 보살의 행行에 믿고 좋아함을 내
는 일과, 평등한 허공 법계와 같은 보리심을 버리지 않
음과, 보리를 관찰하여 여래의 힘에 들어감과, 걸림 없
는 변재를 부지런히 익힘과, 중생 교화에 고달픔이 없
음과, 일체 세계에 머무르되 마음에 집착이 없음이니,
이것이 열이니라."

대승보살불교에서 모든 보살의 행을 빨리 만족하려면 열
가지 법을 부지런히 닦아야 한다. 첫째, 마음에 일체 중생을
버리지 않아야 한다. 중생을 향해서 성내는 마음을 일으키

는 것은 곧 일체 중생을 버리는 행위이다. 그러므로 성을 내어 중생을 버리지 않아야 한다.

또 모든 보살, 모든 중생, 모든 사람, 모든 생명에게 여래라는 생각을 내어야 한다. 일체 중생이 모두 불성이 있으므로 그대로가 부처님이다. 성내는 마음은 중생 부처님을 부처님으로 보지 않는다는 뜻이다. 어떤 일이 있어도 일체 중생을 부처님으로 받들어 섬겨야 한다.

또 일체 불법을 영원히 비방하지 않아야 하며, 국토가 다하지 않음을 알아야 하며, 보살의 행行에 믿고 좋아함을 내어야 하며, 평등한 허공 법계와 같은 보리심을 버리지 않아야 한다. 이와 같은 법을 부지런히 닦으려면 보살은 성내는 마음이 없어야 한다.

또 걸림이 없는 변재를 부지런히 익히고, 중생 교화에 고달픔이 없어야 한다. 이 모든 일은 한결같이 성내는 마음이 없을 때 가능하다.

2) 열 가지 청정함을 구족하다

불자 보살마하살 안주차십법이 즉능구
佛子야 菩薩摩訶薩이 安住此十法已에 則能具

족십종청정 하등 위십 소위통달심심법
足十種淸淨이니 何等이 爲十고 所謂通達甚深法

청정 친근선지식청정 호지제불법청정 요
淸淨과 親近善知識淸淨과 護持諸佛法淸淨과 了

달허공계청정 심입법계청정 관찰무변심
達虛空界淸淨과 深入法界淸淨과 觀察無邊心

청정 여일체보살동선근청정 불착제겁청
淸淨과 與一切菩薩同善根淸淨과 不着諸劫淸

정 관찰삼세청정 수행일체제불법청정 시
淨과 觀察三世淸淨과 修行一切諸佛法淸淨이 是

위십
爲十이니라

"불자여, 보살마하살이 이 열 가지 법에 머무르면 곧
능히 열 가지 청정함을 구족하게 되나니, 무엇이 열인
가. 이른바 매우 깊은 법을 통달하는 청정과, 선지식을
친근하는 청정과, 부처님 법을 보호하는 청정과, 허공

계를 분명히 아는 청정과, 법계에 깊이 들어가는 청정과, 그지없는 마음을 관찰하는 청정과, 일체 보살과 착한 뿌리가 같은 청정과, 모든 겁에 집착하지 않는 청정과, 세 세상을 관찰하는 청정과, 일체 모든 불법을 수행하는 청정이니, 이것이 열이니라."

열 가지 법에 머무르고 다시 열 가지 청정함을 구족한다. 청정이란 아주 훌륭한 일이며 아주 뛰어난 일이며 아주 빼어난 일이다. 매우 깊은 법을 통달하고, 선지식을 친견하고, 모든 불법을 보호해 지니고, 허공계를 요달하고, 법계에 깊이 들어가고, 가없는 마음을 관찰하고, 일체 보살과 선근이 같고, 모든 겁에 집착하지 아니하고, 삼세를 관찰하고, 일체 불법을 수행하는 것이다.

3) 열 가지 광대한 지혜를 구족하다

불자야 보살마하살이 주차십법이 즉구족십
佛子야 菩薩摩訶薩이 住此十法已에 則具足十

종광대지　　하등　위십　소위지일체중생심행
種廣大智니 何等이 爲十고 所謂知一切衆生心行

지　지일체중생업보지　　지일체불법지　　지일
智와 知一切衆生業報智와 知一切佛法智와 知一

체불법심밀이취지　　지일체다라니문지　　지
切佛法深密理趣智와 知一切陀羅尼門智와 知

일체문자변재지　　지일체중생어언음성사변
一切文字辯才智와 知一切衆生語言音聲辭辯

선교지　　어일체세계중보현기신지　　어일체
善巧智와 於一切世界中普現其身智와 於一切

중회중보현영상지　　어일체수생처중구일체
衆會中普現影像智와 於一切受生處中具一切

지지　　시위십
智智가 是爲十이니라

　"불자여, 보살마하살이 이 열 가지 법에 머무르면 열
가지 광대한 지혜를 구족하게 되나니, 무엇이 열인가.
이른바 일체 중생의 마음과 행을 아는 지혜와, 일체 중
생의 업보業報를 아는 지혜와, 일체 부처님 법을 아는 지
혜와, 일체 불법의 깊고 비밀한 이치를 아는 지혜와, 일
체 다라니문을 아는 지혜와, 일체 문자와 변재를 아는

지혜와, 일체 중생의 말과 음성과 말 잘하는 방편을 아는 지혜와, 일체 세계에 두루 몸을 나타내는 지혜와, 여럿이 모인 모든 회중에 영상을 나타내는 지혜와, 모든 태어나는 곳에서 일체 지혜의 지혜를 갖추는 지혜이니, 이것이 열이니라."

불법 가운데 광대한 지혜란 일체 중생들의 마음과 업보를 아는 지혜와 일체 불법과 불법의 깊고 비밀한 이치와 일체 다라니문과 일체 문자와 변재를 아는 지혜와 일체 중생의 말과 음성과 말 잘하는 방편을 아는 지혜 등이다. 만약 사람들에게 이와 같은 지혜가 갖춰져 있다면 중생들을 교화하고 조복하는 데 어려움이 없을 것이다. 그래서 불교를 지혜의 종교라고 하는 것이다.

4) 열 가지 두루 들어감에 들어가다

불자 보살마하살 주차십지이 즉득입십
佛子야 菩薩摩訶薩이 住此十智已에 則得入十

種普入이니 何等이 爲十고 所謂一切世界가 入一
毛道하고 一毛道가 入一切世界와 一切衆生身이
入一身하고 一身이 入一切衆生身과 不可說劫이
入一念하고 一念이 入不可說劫과 一切佛法이 入
一法하고 一法이 入一切佛法과 不可說處가 入一
處하고 一處가 入不可說處와

"불자여, 보살마하살이 이 열 가지의 지혜에 머무르
면 열 가지의 두루 들어감에 들어가게 되나니, 무엇이
열인가. 이른바 일체 세계가 한 터럭만 한 데 들어가고
한 터럭만 한 것이 일체 세계에 들어가며, 일체 중생의
몸이 한 몸에 들어가고 한 몸이 일체 중생의 몸에 들어
가며, 말할 수 없는 겁이 한 생각에 들어가고 한 생각이
말할 수 없는 겁에 들어가며, 일체 부처님 법이 한 법에
들어가고 한 법이 일체 부처님 법에 들어가며, 말할 수

없는 처소가 한 처소에 들어가고 한 처소가 말할 수 없는 처소에 들어가느니라."

화엄불교에서는 사사무애를 중요한 사상으로 여긴다. 즉 일체 존재가 상즉상입相卽相入하여 원융하고 걸림이 없이 존재하여 조화를 이룬다고 보는 것이다. 상즉相卽은 이것과 저것이 서로 자기를 폐기廢棄하지 않으면서 다른 것과 같아지는 것인데, 예컨대 파도이면서 곧 물이고 물이면서 곧 파도라고 함과 같은 것이다. 상입相入은 파도가 곧 물이고 물이 곧 파도이므로 서로서로 걸림이 없이 융합하는 것이다. 열 가지 두루 들어감에 들어간다는 것이 곧 그 표현이다.

불가설근 입일근 일근 입불가설근과
不可說根이 入一根하고 一根이 入不可說根과

일체근 입비근 비근 입일체근 일체상이
一切根이 入非根하고 非根이 入一切根과 一切想이

입일상 일상 입일체상 일체언음 입일
入一想하고 一想이 入一切想과 一切言音이 入一

언음　　　일언음　　입일체언음　　일체삼세　　입
言音하고 一言音이 入一切言音과 一切三世가 入

일세　　　일세　　입일체삼세　　시위십
一世하고 一世가 入一切三世가 是爲十이니라

"말할 수 없는 근根이 한 근에 들어가고 한 근이 말할 수 없는 근에 들어가며, 모든 근이 근 아닌 데 들어가고 근 아닌 것이 모든 근에 들어가며, 일체 생각이 한 생각에 들어가고 한 생각이 일체 생각에 들어가며, 일체 음성이 한 음성에 들어가고 한 음성이 일체 음성에 들어가며, 일체 세 세상이 한 세상에 들어가고 한 세상이 일체 세 세상에 들어가나니, 이것이 열이니라."

열 가지 두루 들어감에 들어가는 이 사사무애의 이치는 모르는 입장에서 보면 억지요 무리같이 들리나 아는 입장에서 보면 모든 존재는 이미 그와 같이 존재하는 존재 원리이다. 그래서 상즉상입은 순리요 조화다. 일체 존재를 이와 같이 관찰하고 수용하여야 한다.

5) 열 가지 수승하고 미묘한 마음에 머물다

불자야　보살마하살이　여시관찰이　즉주십종
佛子야　菩薩摩訶薩이　如是觀察已에　則住十種

승묘심이니　하등이　위십　소위주일체세계어언
勝妙心이니　何等이　爲十고　所謂住一切世界語言

비어언승묘심　주일체중생상념무소의지승
非語言勝妙心과　住一切衆生想念無所依止勝

묘심　주구경허공계승묘심　주무변법계승
妙心과　住究竟虛空界勝妙心과　住無邊法界勝

묘심　주일체심밀불법승묘심
妙心과　住一切深密佛法勝妙心과

"불자여, 보살마하살이 이와 같이 관찰하고는 열 가지 수승하고 미묘한 마음에 머무나니, 무엇이 열인가. 이른바 일체 세계의 말이 말 아닌 수승하고 미묘한 마음에 머무름과, 일체 중생의 생각이 의지할 바 없는 수승하고 미묘한 마음에 머무름과, 구경의 허공계인 수승하고 미묘한 마음에 머무름과, 그지없는 법계의 수승하고 미묘한 마음에 머무름과, 일체 깊고 비밀한 불법의 수승하고 미묘한 마음에 머무름이니라."

일체 존재가 상즉상입相卽相入하는 이치를 관찰하고 나면 저절로 열 가지 수승하고 미묘한 마음에 머물게 된다. 일체 세계의 말이 말 아닌 수승하고 미묘한 마음에 머문다. 얼마 나 많은 사람들이 말을 실재한다고 생각하여 집착하고 이끌 려 다니는가. 말이 말 아닌 수승하고 미묘한 마음에 머물러 야 자유롭고 조화롭다. 또 일체 중생의 생각이 의지할 바 없 음과 구경의 허공계와 그지없는 법계와 깊고 비밀한 불법의 수승하고 미묘한 마음에 머무는 것 등이다.

주심심무차별법승묘심   주제멸일체의혹
住甚深無差別法勝妙心과 **住除滅一切疑惑**

승묘심   주일체세평등무차별승묘심   주삼
勝妙心과 **住一切世平等無差別勝妙心**과 **住三**

세제불평등승묘심   주일체제불력무량승묘
世諸佛平等勝妙心과 **住一切諸佛力無量勝妙**

심   시위십
心이 **是爲十**이니라

"매우 깊고 차별이 없는 법의 수승하고 미묘한 마음

에 머무름과, 일체 의혹을 제멸하는 수승하고 미묘한 마음에 머무름과, 모든 세상이 평등하고 차별이 없는 수승하고 미묘한 마음에 머무름과, 세 세상 모든 부처님의 평등한 수승하고 미묘한 마음에 머무름과, 일체 모든 부처님의 힘이 한량없는 수승하고 미묘한 마음에 머무름이니, 이것이 열이니라."

또 매우 깊고 차별이 없는 법과, 일체 의혹을 제멸함과, 모든 세상이 평등하고 차별이 없음과, 세 세상 모든 부처님의 평등함과, 일체 모든 부처님의 힘이 한량없음의 수승하고 미묘한 마음에 머무는 것 등이다.

6) 열 가지 불법의 교묘[善巧]한 지혜를 얻다

불자 보살마하살 주차십종승묘심이 즉
佛子야 菩薩摩訶薩이 住此十種勝妙心已에 則

득십종불법선교지 하등 위십 소위요달심
得十種佛法善巧智니 何等이 爲十고 所謂了達甚

심불법선교지　　출생광대불법선교지　　선설
深佛法善巧智와 **出生廣大佛法善巧智**와 **宣說**

종종불법선교지　　증입평등불법선교지　　명
種種佛法善巧智와 **證入平等佛法善巧智**와 **明**

료차별불법선교지
了差別佛法善巧智와

"불자여, 보살마하살이 이 열 가지 수승하고 미묘한
마음에 머물고는 열 가지 불법의 교묘한 지혜를 얻나
니, 무엇이 열인가. 이른바 매우 깊은 불법을 통달하는
교묘한 지혜와, 광대한 불법을 내는 교묘한 지혜와, 갖
가지 불법을 연설하는 교묘한 지혜와, 평등한 불법에
깨달아 들어가는 교묘한 지혜와, 차별한 불법을 밝게
아는 교묘한 지혜이니라."

보살이 열 가지 수승하고 미묘한 마음에 머물면 열 가지
불법의 교묘한 지혜를 얻는다. 매우 깊은 불법을 통달하고,
광대한 불법을 내고, 갖가지 불법을 연설하고, 평등한 불법
에 깨달아 들어가고, 차별한 불법을 밝게 아는 등의 교묘한
지혜이다.

오해무차별불법선교지　심입장엄불법선
悟解無差別佛法善巧智와 深入莊嚴佛法善

교지　일방편입불법선교지　무량방편입불
巧智와 一方便入佛法善巧智와 無量方便入佛

법선교지　지무변불법무차별선교지　이자
法善巧智와 知無邊佛法無差別善巧智와 以自

심자력　어일체불법　불퇴전선교지　시위
心自力으로 於一切佛法에 不退轉善巧智가 是爲

십
十이니라

　"차별 없는 불법을 깨닫는 교묘한 지혜와, 장엄한 불
법에 깊이 들어가는 교묘한 지혜와, 한 방편으로 불법
에 들어가는 교묘한 지혜와, 한량없는 방편으로 불법에
들어가는 교묘한 지혜와, 그지없는 불법에 차별 없음을
아는 교묘한 지혜와, 자신의 마음과 자신의 힘으로써
모든 불법에서 물러나지 않는 교묘한 지혜이니, 이것이
열이니라."

　또 차별 없는 불법을 깨닫고, 장엄한 불법에 깊이 들어가
고, 한 방편으로 불법에 들어가고, 한량없는 방편으로 불법

에 들어가고, 그지없는 불법에 차별 없음을 알고, 자신의 마음과 자신의 힘으로써 모든 불법에서 물러나지 않는 등의 열 가지 교묘한 지혜를 얻는다.

7) 공경히 받아 지니기를 권하다

불자 보살마하살 문차법이 함응발심
佛子야 **菩薩摩訶薩**이 **聞此法已**에 **咸應發心**하야

공경수지 하이고 보살마하살 지차법자
恭敬受持니 **何以故**오 **菩薩摩訶薩**이 **持此法者**는

소작공력 질득아뇩다라삼먁삼보리 개
少作功力이라도 **疾得阿耨多羅三藐三菩提**하야 **皆**

득구족일체불법 실여삼세제불법등
得具足一切佛法하야 **悉與三世諸佛法等**일새니라

"불자여, 보살마하살이 이 법을 듣고는 다 응당 마음을 내어 공경히 받아 지녀야 하나니, 무슨 까닭인가. 보살마하살이 이 법을 가지는 이는 공덕의 힘을 조금만 써도 빨리 아뇩다라삼먁삼보리를 얻고 일체 불법을 다 구

족하여 세 세상 모든 부처님의 법과 평등하게 되느니라."

  앞에서 설한 불법을 공경히 받아 지니기를 권하면서 그 까닭을 밝혔다. 만약 보살이 이 법을 받아 지니기만 하면 공덕의 힘을 조금만 써도 빨리 최상의 깨달음을 얻고, 일체 불법을 다 구족하게 되며, 삼세 모든 부처님의 법과 평등하게 되기 때문이다.

4. 증명을 보이다

1) 상서를 나타내어 증명하다

이시 불신력고 법여시고 시방각유십불
爾時에 **佛神力故**며 **法如是故**로 **十方各有十不**

가설백천억나유타불찰미진수세계 육종진
可說百千億那由他佛刹微塵數世界가 **六種震**

동
動하고

그때에 부처님의 신통한 힘인 연고며 법이 으레 그
러한 연고로 시방으로 각각 열 말할 수 없는 백천억 나
유타 세계의 작은 먼지 수 세계가 여섯 가지로 진동하
였습니다.

보현보살이 법을 설하고 나자 상서가 나타나서 증명을

보이는 것을 경가經家가 그 광경을 밝혔다. 먼저 시방의 작은 먼지 수와 같이 많고 많은 세계가 여섯 가지로 진동하는 것을 밝혔다. 여섯 가지란 법문을 듣고 감동하여 깨달은 사람의 모든 삶의 영역이다. 즉 육근과 육경과 육식이 놀라고 감동하고 전율을 느끼게 된 것을 이와 같이 표현하였다. 세계가 진동한다고 해서 마음이 곧 진동하는 것은 아니다. 마음이 진동해야 세계가 따라서 진동하기 때문이다.

우 출 과 제 천 일 체 화 운　　향 운　　말 향 운　　의
雨出過諸天一切華雲과　香雲과　末香雲과　衣

개 당 번 마 니 보 등　급 이 일 체 장 엄 구 운　우 중
蓋幢幡摩尼寶等과　及以一切莊嚴具雲하며　雨衆

기 악 운　　우 제 보 살 운　　우 불 가 설 여 래 색 상
妓樂雲하며　雨諸菩薩雲하며　雨不可說如來色相

운　　우 불 가 설 찬 탄 여 래 선 재 운
雲하며　雨不可說讚歎如來善哉雲하며

여러 하늘보다 뛰어난 온갖 꽃 구름과 향 구름과 가루향 구름과 의복과 일산과 당기와 번기와 마니보배와

그리고 일체 장엄거리를 비 내리며, 여러 가지 풍류 구름을 비 내리며, 모든 보살 구름을 비 내리며, 말할 수 없는 여래의 몸매 구름을 비 내리며, 말할 수 없이 여래가 잘한다[善哉]고 칭찬하는 구름을 비 내리었습니다.

법문을 설하고 나니 상서를 보이는 것으로 육종진동 다음으로 온갖 구름이 비 내리는 것을 밝혔다. 온갖 꽃 구름과 향 구름과 가루향 구름과 의복과 일산과 당기와 번기와 마니보배와 그리고 일체 장엄거리 등을 비 내렸다. 불교에서는 큰 행사가 있거나 경사로운 일이 있을 때마다 광명이 비치거나 맑은 하늘에서 무지개가 비치는 것을 종종 볼 수 있다.

우 여 래 음 성 충 만 일 체 법 계 운   우 불 가 설 장
雨如來音聲充滿一切法界雲하며 雨不可說莊

엄 세 계 운   우 불 가 설 증 장 보 리 운   우 불 가
嚴世界雲하며 雨不可說增長菩提雲하며 雨不可

설 광 명 조 요 운   우 불 가 설 신 력 설 법 운
說光明照耀雲하며 **雨不可說神力說法雲**하니

여래의 음성이 모든 법계에 가득한 구름을 비 내리며, 말할 수 없이 세계를 장엄하는 구름을 비 내리며, 말할 수 없이 보리를 증장하는 구름을 비 내리며, 말할 수 없이 광명이 밝게 비치는 구름을 비 내리며, 말할 수 없이 신통한 힘으로 법을 설하는 구름을 비 내리었습니다.

하늘에서 온갖 구름을 비 내리는 상서로써 설법의 소중하고 존귀함을 나타내는데 여래의 음성이 일체 법계에 충만한 구름과, 말할 수 없이 세계를 장엄하는 구름과, 말할 수 없이 보리를 증장하는 구름과, 말할 수 없이 광명이 밝게 비치는 구름과, 말할 수 없이 신통한 힘으로 법을 설하는 구름 등을 비 내리었다.

여 차 세 계 사 천 하 보 리 수 하 보 리 장 보 살 궁 전
如此世界四天下菩提樹下菩提場菩薩宮殿

중　견어여래　성등정각　　연설차법　　시방
中에 見於如來가 成等正覺하사 演說此法하야 十方

일체제세계중　　실역여시
一切諸世界中에도 悉亦如是하나라

이 세계 사천하의 보리수 아래 보리도량에 있는 보살의 궁전에서 여래가 등정각等正覺을 이루고 이 법을 연설하는 것을 보는 것과 같이, 시방의 일체 세계에서도 모두 또한 이와 같이 하였습니다.

화엄경은 부처님 열반 이후 5, 6백년경에 결집되었더라도 부처님의 일생 중에서 6년의 고행을 마치고 보리수 아래에서 정각을 이루신 직후에 설해진 것으로 설정하여 결집하였다. 그때 그 자리에서의 모습과 같이 시방의 일체 모든 세계에서도 다 같이 그러하였다. 화엄경에서는 언제나 하나 가운데 일체가 있고 한순간에 모든 시간이 존재하는 상즉상입의 사사무애를 저변에 깔고 설하기 때문에 이렇게 설한다.

2) 보살들이 와서 증명하다

이시   불신력고   법여시고   시방각과십불
爾時에 **佛神力故**며 **法如是故**로 **十方各過十不**

가설불찰미진수세계외   유십불찰미진수보
可說佛剎微塵數世界外하야 **有十佛剎微塵數菩**

살마하살   내예차토   충만시방   작여시
薩摩訶薩이 **來詣此土**하사 **充滿十方**하야 **作如是**

언
言하사대

그때에 부처님의 신통한 힘인 연고며 법이 으레 그
러한 연고로 시방으로 각각 열 말할 수 없는 세계의 작
은 먼지 수 세계 밖을 지나가서 거기 있는 열 세계 작
은 먼지 수 보살마하살이 이 세계에 와서 시방에 가득
차 있으면서 이와 같이 말하였습니다.

앞에서는 육종진동과 온갖 구름을 비 내리는 상서를 보
여 증명하였고 여기에서는 시방의 보살들이 모여 와서 증명
하는 내용이다. 모두가 경가의 설명으로, 열 세계 작은 먼지
수같이 많은 보살마하살이 이 세계에 와서 시방으로 가득

차 있으면서 설하는 내용을 아래에 밝혔다.

선재선재 불자 내능설차제불여래 최대
善哉善哉라 佛子여 乃能說此諸佛如來의 最大

서원수기심법 불자 아등일체 동명보
誓願授記深法이로다 佛子야 我等一切가 同名普

현 각종보승세계보당자재여래소 내예
賢이라 各從普勝世界普幢自在如來所하야 來詣

차토 실이불신력고 어일체처 연설차법
此土나 悉以佛神力故로 於一切處에 演說此法이

여차중회 여시소설 일체평등 무유증
如此衆會에 如是所說하야 一切平等하야 無有增

감
減이라

"훌륭하여라, 훌륭하여라, 불자여. 능히 이 모든 부
처님 여래의 가장 큰 서원으로 수기하는 깊은 법을 설
하느니라. 불자여, 우리들은 모두 이름이 다 같은 보현
普賢이며, 다 각각 보승세계普勝世界의 보당자재여래普幢自在
如來 계신 데로부터 이 국토에 왔으며 다 같이 부처님의

신통한 힘으로 온갖 곳에서 이런 법을 연설하나니, 이 모임에서 이렇게 설하는 것과 같이 모두가 평등하여 더하고 덜함이 없느니라."

열 세계 작은 먼지 수같이 많은 보살마하살이 이 세계에 와서 보현보살의 설법을 증명하는 말씀이다. 보현보살의 설법은 모든 부처님의 가장 큰 서원으로 수기하는 깊은 법이라고 하며, 그 무수한 보살들이 모두 이름이 같은 '보현'이라고 하였다. 그뿐만 아니라 모두가 같은 세계와 같은 여래의 처소에서 이곳에 왔으며 모든 곳에서 이와 같은 법문을 이와 같은 대중에게 이와 같이 연설한다고 하였다. 그래서 일체가 평등하여 조금도 더하거나 덜하지 않는다고도 하였다. 즉 화엄의 이치인 하나를 드니 온 우주가 함께 들리고 하나를 놓으니 역시 온 우주가 함께 놓이는 것을 밝혔다.

아 등　　개 승 불 위 신 력　　내 차 도 량　　위 여 작
我等이 **皆承佛威神力**하야 **來此道場**하야 **爲汝作**

증   여차도량   아등십불찰미진수보살   이
證하노니 **如此道場**에 **我等十佛刹微塵數菩薩**이 **而**

래 작 증   시 방 일 체 제 세 계 중   실 역 여 시
來作證하야 **十方一切諸世界中**에도 **悉亦如是**하니라

"우리들이 모두 부처님의 위신력을 받들고 이 도량
에 와서 그대를 위하여 증명하는 것이며, 이 도량에 우
리들 열 부처님 세계의 작은 먼지 수 보살들이 와서 증
명하듯이 시방의 일체 세계에서도 다 또한 이와 같으
니라."

무수한 보살들이 보현보살의 설법을 증명한다고 스스로
밝혔다. 이곳뿐만 아니라 시방의 일체 세계에서도 다 또한
이와 같다고 하였다. 그야말로 동시구족상응문同時具足相應門
이다.

5. 보현보살이 게송을 설하다

1) 게송을 설하는 뜻을 펴다

이시   보현보살마하살   이불신력   자선근
爾時에 普賢菩薩摩訶薩이 以佛神力과 自善根

력   관찰시방   계어법계   욕개시보살행
力으로 觀察十方과 洎於法界하고 欲開示菩薩行하며

욕선설여래보리계   욕설대원계   욕설일
欲宣說如來菩提界하며 欲說大願界하며 欲說一

체세계겁수   욕명제불   수시출현
切世界劫數하며 欲明諸佛의 隨時出現하며

그때에 보현보살마하살이 부처님의 신통한 힘과 자
기의 선근의 힘으로써 시방과 온 법계를 관찰하면서 보
살의 행을 열어 보이려 하며, 여래의 보리 경계를 연설
하려 하며, 큰 서원의 경계를 말하려 하며, 모든 세계의

겁의 수효를 말하려 하며, 모든 부처님이 때에 맞추어 출현함을 밝히려 하였습니다.

보현보살이 게송을 설하는 뜻을 경가經家가 밝혔다. 부처님의 신통한 힘과 자기의 선근의 힘으로 온 시방과 법계를 관찰하면서 보살의 행을 열어 보이려 하며, 여래의 보리 경계를 연설하려 하며, 큰 서원의 경계를 말하려 하며, 모든 세계의 겁의 수효를 말하려 하며, 모든 부처님이 때에 맞추어 출현함을 밝히려고 게송을 설한다는 것을 밝혔다.

욕설여래   수근숙중생출현   영기공양
欲說如來가 隨根熟衆生出現하사 令其供養하며

욕명여래출세   공부당연   욕명소종선근
欲明如來出世에 功不唐捐하며 欲明所種善根이

필획과보   욕명대위덕보살   위일체중생
必獲果報하며 欲明大威德菩薩이 爲一切衆生하야

현형설법   영기개오   이설송언
現形說法하야 令其開悟하사 而說頌言하사대

여래께서 근성이 성숙한 중생을 따라 출현하여 그들로 하여금 공양케 하려는 것을 말하려 하며, 여래가 세상에 출현하신 공㓛이 헛되지 않음을 밝히려 하며, 이미 심은 착한 뿌리는 반드시 과보 얻음을 밝히려 하며, 큰 위덕 있는 보살이 일체 중생을 위하여 형상을 나타내고 법을 설하여 그들로 하여금 깨닫게 하는 것을 밝히려 하여 게송으로 설하였습니다.

그뿐만 아니라 여래께서 근성이 성숙한 중생을 따라 출현하여 그들로 하여금 공양케 하려는 것을 말하려고 게송을 설하는 것이다. 또 여래가 세상에 출현하신 공㓛이 헛되지 않음을 밝히려고, 또 이미 심은 착한 뿌리는 반드시 과보 얻음을 밝히려고, 또 큰 위덕 있는 보살이 일체 중생을 위하여 형상을 나타내고 법을 설하여 그들로 하여금 깨닫게 하는 것을 밝히려고 게송을 설하는 것이다.

2) 공경하여 듣기를 권하다

여 등 응 환 희　　　　　　사 리 어 제 개
汝等應歡喜하야　　　　**捨離於諸蓋**하고

일 심 공 경 청　　　　　　보 살 제 원 행
一心恭敬廳　　　　　　**菩薩諸願行**이어다

그대들은 마땅히 기쁜 마음으로

여러 가지 덮인 번뇌 모두 버리고

보살들의 여러 가지 서원과 행을

일심으로 공경하여 들을지니라.

이 보현행품은 3분의 2가 넘는 양의 경문이 게송으로 되어 있다. 앞에서 게송을 설하는 뜻을 밝히고 공경하여 듣기를 권하는 첫 게송이다. 법에 대한 기쁨이 넘치면 번뇌는 저절로 사라진다. 번뇌를 개蓋라고 하였는데 번뇌는 수행하는 이의 착한 마음을 덮어서 설법을 들을 마음을 내지 못하게 한다는 뜻에서 개蓋라고 하였다. 또 여기에서 밝힌 반드시 들어야 할 내용은 보살들의 여러 가지 서원과 행이다. 여러 불교 중에서 가장 우선으로 하는 것은 대승보살의 서원과 실천행이기 때문이다.

3) 과거 보살의 행을 말해 주고자 하다

왕 석 제 보 살　　　　최 승 인 사 자
往昔諸菩薩은　　　　**最勝人獅子**라

여 피 소 수 행　　　　아 당 차 제 설
如彼所修行을　　　　**我當次第說**하며

지나간 옛날의 모든 보살은

가장 나은 사람 중의 사자들이니

그들이 닦아서 행하던 일을

내 이제 차례차례 말하려 하노라.

부처님은 먼저 보살로 계시면서 수행하여 성불하신 뒤에 부처님이 되었다. 그래서 "지나간 옛날의 모든 보살은 가장 나은 사람 중의 사자들[人獅子]"이라고 표현한다. 그동안 수행하시던 일을 차례대로 말하려 한다고 밝혔다.

역 설 제 겁 수
亦說諸劫數와

세 계 병 제 업
世界幷諸業과

급 이 무 등 존
及以無等尊의

어 피 이 출 흥
於彼而出興호리라

또한 여러 겁과 많은 세계와

지은 업과 같을 이 없는 부처님이

그 세상에 출현한 모든 일을

지금에 자세하게 말해 보리라.

모든 겁의 수효와 세계와 모든 업과 같을 이 없는 부처님

이 출현하신 일에 대해서 설하리라고 밝혔는데 화엄경 앞부

분에서의 내용들까지 다 포함하여 말하고 있다.

여 시 과 거 불
如是過去佛이

대 원 출 어 세
大願出於世에

운 하 위 중 생
云何爲衆生하야

멸 제 제 고 뇌
滅除諸苦惱오

이와 같이 지난 세상 부처님들이

큰 서원으로 이 세상에 출현하여서
어떻게 여러 중생 모두 위하여
고통과 번뇌 망상 소멸하시었는가.

일 체 논 사 자   소 행 상 속 만
一切論獅子가   所行相續滿하야

득 불 평 등 법   일 체 지 경 계
得佛平等法과   一切智境界니라

논리를 잘 하시는 여러 사자들
닦는 행이 차례차례 원만하여서
부처님의 평등한 법과
일체 지혜의 경계를 얻으시니라.

과거의 모든 부처님이 큰 서원으로 출현하시어 중생들을
위하여 고통을 제거해 주신 일들에 대해 매우 친절하고 자세
하게 설하고 있으므로 부처님을 '논리를 잘 하시는 여러 사
자들[論獅子]'이라고 칭하였다. 참으로 화엄경에서 부처님이
나 보살들은 그 깊고 오묘한 유형 무형의 세계와 중생세계

와 깨달음의 세계까지 잘 설하고 있다. 실로 논리의 왕이며
이론의 달인이다.

견 어 과 거 세　　　　　　일 체 인 사 자
見於過去世에　　　　　**一切人獅子**가

방 대 광 명 망　　　　　　보 조 시 방 계
放大光明網하야　　　　**普照十方界**하고

내가 보니 지나간 여러 세상에
수많은 사람 중의 여러 사자들
큰 광명 그물을 널리 놓아서
시방의 모든 세계 두루 비추며

사 유 발 시 원　　　　　　아 당 작 세 등
思惟發是願호대　　　　**我當作世燈**하야

구 족 불 공 덕　　　　　　십 력 일 체 지
具足佛功德과　　　　　**十力一切智**라하며

생각하고 이런 서원 세우시기를,
'내 마땅히 이 세상의 등불이 되어

부처님의 모든 공덕 다 구족하고
열 가지 힘과 일체 지혜 다 구족하리라.'

과거에 출현하셨던 모든 부처님은 지혜의 광명과 진리의
광명과 가르침의 광명으로 시방세계를 환하게 비추시면서
깊이 생각하고 서원하기를 '내 마땅히 이 세상의 등불이 되
어 부처님의 모든 공덕 다 구족하고 열 가지 힘과 일체 지혜
다 구족하리라.'라고 하였다.

일 체 제 중 생
一切諸衆生이

탐 에 치 치 연
貪恚癡熾然하니

아 당 실 구 탈
我當悉救脫하야

영 멸 악 도 고
令滅惡道苦라하야

'일체 모든 중생들의 탐하는 마음과
성 잘 내고 어리석음 치성한 것을
내 마땅히 구제하여 해탈케 하며
나쁜 길의 괴로움을 소멸케 하리라.'

또 서원하기를 '일체 모든 중생들의 탐하는 마음과 성 잘
내고 어리석음이 치성한 것을 내 마땅히 구제하여 해탈케 하
며 나쁜 길의 괴로움을 소멸케 하리라.'라고 하였다. 불보살
의 위대한 점은 중생들을 구제하고 교화하여 세상을 불국토
로 만드는 데 특별한 서원을 세운 것이다. 그것이 불보살의
힘이며 불교의 힘이다. 이론은 고준하나 서원의 실천행이 없
으면 모두가 공리공론에 불과하기 때문이다.

발 여 시 서 원
發如是誓願호대

견 고 불 퇴 전
堅固不退轉하야

구 수 보 살 행
具修菩薩行하야

획 십 무 애 력
獲十無礙力이로다

이와 같이 세우시던 크나큰 서원

견고하여 조금도 퇴전치 않고

보살의 모든 행을 구족하게 닦아

열 가지 걸림 없는 힘을 얻었도다.

열 가지 걸림 없는 힘은 흔히 말하는 열 가지 힘[十力]이다.

이 열 가지 힘은 열 가지 지혜의 힘이라고도 하는데 약간의 이설이 있다. 부처님의 지혜를 나타내는 데 가장 많이 등장하는 용어이므로 화엄경에 있는 열 가지 힘을 다시 살펴본다.

　십력十力은 ① 중생의 옳은 곳과 그른 곳을 아는 지혜[知衆生是處非處智]와 ② 과거 미래 현재에 업으로 받는 과보를 아는 지혜[去來現在業報智]와 ③ 모든 근성이 영리하고 둔함을 아는 지혜[諸根利鈍智]와 ④ 갖가지 경계를 아는 지혜[種種界智]와 ⑤ 가지가지 이해를 아는 지혜[種種解智]와 ⑥ 온갖 곳에 이르러 갈 길을 아는 지혜[一切至處道智]와 ⑦ 모든 선정과 해탈과 삼매와 때 묻고 깨끗함이 일어나는 때와 때 아님을 아는 지혜[諸禪解脫三昧垢淨起時非時智]와 ⑧ 일체 세계에서 지난 세상에 머물던 일을 기억함에 따라 아는 지혜[一切世界宿住隨念智]와 ⑨ 천안통의 지혜[天眼智]와 ⑩ 누진통의 지혜[漏盡智]이다.

여 시 서 원 이
如是誓願已에

수 행 무 퇴 겁
修行無退怯하야

소 작 개 불 허
所作皆不虛일새

설 명 논 사 자
說名論獅子니라

이와 같은 서원을 내고 나서는

수행함을 조금도 겁내지 않고

짓는 일이 모두 헛되지 않아

언론의 사자라고 이름하도다.

보살이 어떤 훌륭한 서원을 세웠으면 그 서원을 실행하는 데 물러서거나 겁내는 일이 없어야 한다. 진정한 보살은 그 서원을 실행하여 헛되지 않으므로 참다운 언론의 사자이다. 실천행이 없다면 어찌 언론의 사자라고 하겠는가.

4) 삼세 불보살의 행을 설하다

(1) 시간을 들다

어 일 현 겁 중
於一賢劫中에

천 불 출 어 세
千佛出於世하리니

피 소 유 보 안
彼所有普眼을

아 당 차 제 설
我當次第說호리라

현겁賢劫이라 이름하는 한 겁 동안에

천 부처님이 세상에 나타나시니

부처님들 가지신 넓으신 눈을

내가 이제 차례로 말해 보리라.

현겁賢劫이란 발타겁(跋陀劫·颰陀劫)·파타겁波陀劫이라 음
역한다. 현시분賢時分·선시분善時分이라 번역하는데 3겁의
하나이다. 세계는 인수人壽 8만4천 세 때부터 백 년을 지날
때마다 1세씩 줄어들어 인수 10세에 이르고, 여기서 다시 백
년마다 1세씩 늘어나서 인수 8만4천 세에 이르며, 이렇게
1증增1감減 하는 것을 20회 되풀이하는 동안, 곧 20증감增減
하는 동안에 세계가 성립되고[成], 다음 20증감하는 동안에
머물러[住] 있고, 다음 20증감하는 동안에 무너지고[壞], 다음
20증감하는 동안은 텅 비어[空] 있다고 본다. 이렇게 세계는
성成·주住·괴壞·공空을 되풀이하니, 이 성·주·괴·공의
4기期를 대겁大劫이라 한다.
　　과거의 대겁을 장엄겁莊嚴劫, 현재의 대겁을 현겁賢劫, 미래

의 대겁을 성수겁星宿劫이라 한다. 현겁의 주겁住劫 때에는 구류손불拘留孫佛 · 구나함모니불拘那含牟尼佛 · 가섭불迦葉佛 · 석가모니불釋迦牟尼佛 등의 1천 부처님이 출현하여 세상 중생을 구제하는데 이렇게 많은 부처님이 출현하는 시기이므로 현겁이라 이름한다.

여 일 현 겁 중　　　　무 량 겁 역 연
如一賢劫中하야　　　無量劫亦然하니

피 미 래 불 행　　　　아 당 분 별 설
彼未來佛行을　　　　我當分別說호리라

하나의 현겁에서 나신 것처럼
한량없는 겁에서도 그러하나니
저러한 오는 세상 부처님 행을
내 이제 분별하여 설하리라.

앞에서 밝힌 현겁에서와 같이 한량없는 겁에 매 겁마다 1천 부처님이 출현하시고, 미래의 겁에 출현하시는 부처님의 내용까지 다 마땅히 설하겠다고 하였다. 이렇게 시간에 대한 것을 밝혔다.

(2) 처소를 들다

여 일 불 찰 종
如一佛刹種하야

무 량 찰 역 연
無量刹亦然하니

미 래 십 력 존
未來十力尊의

제 행 아 금 설
諸行我今說호리라

하나의 세계종[刹種]이 그런 것처럼
한량없는 세계종도 그러하나니
오는 세상 열 가지 힘 부처님께서
모든 행하신 일을 내 이제 설하리라.

다음은 처소에 대한 내용이다. 세계종[刹種]이란 무수한
세계를 하나의 세계군으로 설정하여 그것을 세계종이라 한
다. 요즘 말로 표현하면 다중우주와 같은 개념이리라. 그
한 세계종과 같이 한량없는 세계종에서도 또한 그러하여 그
세계종 미래 부처님[十力尊]의 온갖 행을 보현보살이 다 설하
리라고 하였다.

(3) 모든 부처님이 세상에 나신 일을 말하다

제 불 차 흥 세
諸佛次興世하사

수 원 수 명 호
隨願隨名號하며

수 피 소 득 기
隨彼所得記하며

수 기 소 수 명
隨其所壽命하며

부처님들 차례로 세상에 나셔서

세운 서원 따르며 이름 따르고

그 부처님께 받은 수기를 따르고

세상에 머무시는 수명을 따르며

수 소 수 정 법
隨所修正法하야

전 구 무 애 도
專求無礙道하며

수 소 화 중 생
隨所化衆生하야

정 법 주 어 세
正法住於世하며

닦으시는 바른 법을 따라가면서

걸림없는 도를 오로지 구하고

교화할 중생들의 근성을 따라

바른 법이 세상에 머물게 하네.

앞에서 설한 대로 그와 같은 겁과 그와 같은 처소에 모든 부처님이 세상에 출현하시어 서원과 이름과 수기와 수명과 닦으시는 바른 법을 따라서 오로지 걸림이 없는 도를 구하여 교화할 중생들을 따라 바른 법이 세상에 머물게 한다.

수 소 정 불 찰　　　　　　중 생 급 법 륜
隨所淨佛刹과　　　　　**衆生及法輪**과

연 설 시 비 시　　　　　　차 제 정 군 생
演說時非時하야　　　**次第淨群生**하며

깨끗하게 장엄한 부처님 세계와

중생들과 굴리는 법륜과

법을 설할 때와 때가 아님을 따라서

차례차례 중생을 청정케 하도다.

법을 설하여 중생들을 교화하는데 세계와 중생과 법륜의 내용과 법을 설할 때와 때가 아님을 따라서 알맞게 중생을 교화해야 한다. 그와 같은 상황을 무시하고 법을 설하는 사람의 마음대로 한다면 그 효과가 크게 감소할 것이다. 설사 훌륭한 보살이 아니라 하더라도 법을 설하는 법사라면 반드시 유의해야 한다.

> 수 제 중 생 업
> **隨諸衆生業**과
> 소 행 급 신 해
> **所行及信解**의
>
> 상 중 하 부 동
> **上中下不同**하야
> 화 피 영 수 습
> **化彼令修習**이로다
>
> 중생들의 온갖 업과
> 행하는 일과 믿음과 이해와
> 상품 중품 하품이 같지 않음을 따라
> 그들을 교화하여 익히게 하도다.

법을 설할 때는 때와 장소와 대상과 내용 등을 잘 살펴서 알맞게 해야 하며, 또한 중생의 업과 하는 일과 그 사람의 믿음과 이해의 정도와 상중하 근기의 정도 등에 따라 달리 설해야 한다. 이것이 지혜다. 그래야 알고, 느끼고, 감동하여 실천하게 된다.

(4) 보현보살의 지혜와 서원을 말하다

입 어 여 시 지
入於如是智에

수 기 최 승 행
修其最勝行하야

상 작 보 현 업
常作普賢業하야

광 도 제 중 생
廣度諸衆生하며

이와 같은 지혜에 깊이 들어가

가장 수승한 행을 닦으며

언제나 보현보살의 업을 지어서

수많은 중생을 모두 제도하도다.

법을 설할 때 때와 장소와 사람의 근기와 법문의 내용 등
을 그 상황에 맞춰서 적절하게 하는 것은 훌륭한 지혜다. 보
현보살의 실천행은 언제나 이와 같은 지혜가 밑바탕이 된 뒤
에 이뤄지므로 널리 중생을 제도하는 것이다.

신 업 무 장 애
身業無障礙하고

어 업 실 청 정
語業悉淸淨하고

의 행 역 여 시
意行亦如是하야

삼 세 미 불 연
三世靡不然이로다

몸으로 짓는 업이 걸림이 없고
말하는 업까지 다 청정하며
뜻으로 행하는 일도 역시 그러해
세 세상에 그렇지 않은 일 없네.

또 보현보살은 몸의 업에 장애가 없고, 말의 업은 청정하고, 뜻의 업도 역시 그러하다. 이 삼업이 청정한 것이 과거 미래 현재에 항상하다.

보 살 여 시 행
菩薩如是行이

구 경 보 현 도
究竟普賢道라

출 생 정 지 일
出生淨智日하야

보 조 어 법 계
普照於法界로다

보살의 이와 같은 행이
보현보살의 도道를 완성하고
청정한 지혜의 태양을 출생하여서
시방의 모든 법계 두루 비추도다.

보현보살이 삼업이 청정한 것과 같이 모든 보살이 이와 같이 행하여 보현보살의 도를 완성한다. 그래서 밝고 맑은 지혜의 태양을 출생하여 온 법계를 널리 비춘다. 이것은 곧 보살 스스로의 인격이 향상되고 또 그것으로 세상을 불국정토로 변화시키는 일이다.

미 래 세 제 겁
未來世諸劫에

국 토 불 가 설
國土不可說을

일 념 실 요 지
一念悉了知나

어 피 무 분 별
於彼無分別이로다

장차 오는 세상의 모든 겁과
다 말할 수 없이 많은 국토를
한 생각에 낱낱이 분명히 알되
거기에는 조금도 분별이 없도다.

보살은 무한한 시간과 무한한 공간을 한순간에 분명히 다 알지만 그것에 대한 분별과 차별과 집착이 없다. 시간과 공간의 일을 다 잘 알고서 분별과 차별과 집착이 없어야지 모르면서 분별이 없는 것은 목석과 같은 것이다.

행 자 능 취 입
行者能趣入

여 시 최 승 지
如是最勝地니

차 제 보 살 법
此諸菩薩法을

아 당 설 소 분
我當說少分호리라

수행하는 사람은 누구나 능히
이러한 좋은 지위에 들어가리니
이것은 모든 보살이 실행하는 법
내가 마땅히 일부분 설하리라.

모든 보살이 실행하는 법인 무한한 공간과 무한한 시간
을 잘 알되 분별과 차별과 집착이 없는 법을 일부분만이라
도 설하리라고 하였다.

지 혜 무 변 제
智慧無邊際하야

통 달 불 경 계
通達佛境界하고

일 체 개 선 입
一切皆善入하야

소 행 불 퇴 전
所行不退轉하며

지혜는 끝닿은 데 없는 것이니
부처님의 모든 경계 통달해 알고
일체의 온갖 것에 다 들어가서
행하는 일 언제라도 퇴전치 않도다.

깨달음의 지혜는 끝닿은 데 없이 무한하다. 그래서 부처
님의 모든 경계를 통달해서 다 알고 일체의 온갖 것에 다 들
어간다.

구 족 보 현 혜
具足普賢慧하고

성 만 보 현 원
成滿普賢願하야

입 어 무 등 지
入於無等智니

아 당 설 피 행
我當說彼行호리라

보현보살 지혜를 모두 갖추고
보현보살 서원을 가득 이루어
같을 이 없는 지혜에 들어가는 일

내가 마땅히 그 행을 설하리로다.

　보현보살은 문수보살과 함께 부처님의 지혜와 그 실천행을 상징하는 보살로 알려져 있다. 문수보살은 지혜를, 보현보살은 실천행을 상징하지만 여기에 보이는 보현보살은 지혜와 서원의 실천을 모두 이야기하였다. 서원의 실천은 곧 지혜가 뛰어난 보살이 할 수 있는 일이고, 진정으로 지혜가 뛰어나다면 반드시 그 실천행이 뒤따르게 되어 있기 때문이다. "누구와도 같을 이 없는 지혜에 들어가는 일, 내가 마땅히 그 행을 설하리로다."라고 하였다.

5) 자비에 나아가서 큰 지혜를 행하다

(1) 제석천의 그물과 같은 행

어 일 미 진 중
於一微塵中에　　실 견 제 세 계
悉見諸世界하나니

중 생 약 문 자
衆生若聞者면　　미 란 심 발 광
迷亂心發狂하리라

한 개의 작은 먼지 그 가운데서
수없는 세계를 모두 보나니
중생들은 이 말을 듣기만 해도
마음이 어지러워 발광發狂하리라.

여 어 일 미 진
如於一微塵하야

일 체 진 역 연
一切塵亦然이라

세 계 실 입 중
世界悉入中하니

여 시 부 사 의
如是不思議로다

한 개의 작은 먼지에서 그런 것처럼
일체의 먼지마다 모두 그러해
온갖 세계 그 가운데 다 들어가니
이것은 헤아릴 수 없는 일이로다.

만약 중생들이 하나의 작은 먼지 가운데서 모든 세계를
다 본다는 말을 들으면 그 이치를 알지 못하고 마음에 이해
되지 않아서 곧 미혹하고 발광하게 될 것이다. 그런데 실은
하나의 작은 먼지에서와 같이 일체 모든 먼지에서도 그와 같

다. 또 그 먼지 속의 세계를 보기만 하는 것이 아니라 그 세계 속에 일일이 다 들어가서 자유자재하게 노닌다. 얼마나 불가사의한 일인가. 법성게에서 "하나의 작은 먼지 속에 시방세계를 함유하고 있으며 낱낱 작은 먼지 속에도 또한 그와 같다."[2]라고 정리한 내용 그대로다.

일 일 진 중 유 　　시 방 삼 세 법
一一塵中有　　十方三世法과

취 찰 개 무 량 　　실 능 분 별 지
趣刹皆無量을　　悉能分別知로다

하나하나 먼지 속에 있는
시방과 삼세의 모든 법과
여러 갈래 세계들이 한량없거든
모두 다 분별하여 분명히 알도다.

지혜의 능력은 단순하게 하나의 작은 먼지 속의 세계에 들어가서 노니는 것만 아니라 낱낱 작은 먼지 속의 시방세

2) 一微塵中含十方 一切塵中亦如是.

계와 그 세계의 과거 현재 미래의 모든 법과 모든 갈래가 한
량이 없는 것을 하나도 남김없이 다 분별하여 안다.

일 일 진 중 유　　　　무 량 종 불 찰
一一塵中有　　　**無量種佛刹**하야

종 종 개 무 량　　　　어 일 미 부 지
種種皆無量을　　　**於一靡不知**로다

하나하나 먼지 속에 있는
한량없는 여러 종류 세계들
종류와 종류들이 모두 한량없거든
어느 것도 모르는 것이 없도다.

법 계 중 소 유　　　　종 종 제 이 상
法界中所有　　　**種種諸異相**과

취 류 각 차 별　　　　실 능 분 별 지
趣類各差別을　　　**悉能分別知**로다

법계 속에 있는 바

가지가지 모든 다른 모습과

여러 길과 종류들도 차별하거든

모두 다 분별하여 능히 다 알도다.

하나하나의 작은 먼지 속에 있는 한량없는 여러 종류의

세계들, 그 종류와 종류들이 다 한량없다. 그 많고 많은 것

을 어느 것 하나 모르는 것 없이 다 안다. 이 우주법계에 존

재하는 모든 모습이 각각 다르고 차별한데 그 모든 것을 분

별하여 낱낱이 다 안다. 이것이 지혜의 작용이며 능력이다.

(2) 시간과 처소에 깊이 들어가는 행

심 입 미 세 지 　　　　분 별 제 세 계
深入微細智하야　　**分別諸世界**의

일 체 겁 성 괴 　　　　실 능 명 료 설
一切劫成壞하야　　**悉能明了說**이로다

미세한 지혜에 깊이깊이 들어가서

여러 가지 세계를 모두 분별해

이뤄지고 무너지는 온갖 것을

모두 다 분명하게 설명하도다.

일체 존재는 작고 미세한 것에서부터 크고 멀리 있는 것
까지 참으로 다양하다. 미세한 지혜는 매우 작은 세포들의
생멸에서부터 수억 광년 멀리 떨어져 있는 별들의 이뤄지고
무너지는 일까지 남김없이 분별하여 다 알고 다 설명한다.

지 제 겁 수 단　　　　　삼 세 즉 일 념
知諸劫脩短하야　　　**三世卽一念**과

중 행 동 부 동　　　　　실 능 분 별 지
衆行同不同을　　　　**悉能分別知**로다

긴 겁과 짧은 겁을 다 알고 보니
세 세상도 잠깐임이 틀림없으며
모든 행이 같음과 같지 않음을
모두 다 분별하여 자세히 알도다.

미세한 지혜는 시간에 대해서도 길고 짧은 겁과 과거 현
재 미래가 곧 한순간인 것과 시간에 따라 같고 같지 않은 것

까지 다 알고 분별한다.

심 입 제 세 계   광 대 비 광 대
深入諸世界의   **廣大非廣大**와

일 신 무 량 찰   일 찰 무 량 신
一身無量刹과   **一刹無量身**이로다

모든 세계의
광대한 것이 광대함이 아닌 것과
한 몸이 한량없는 세계며
한 세계가 한량없는 몸에 깊이 들어가도다.

큰 지혜의 작용은 모든 세계가 광대하면서 또한 광대하지 않음과 한 몸이 한량없는 세계며 한 세계가 한량없는 몸인 것까지 깊이 들어가서 다 안다.

시 방 중 소 유   이 류 제 세 계
十方中所有   **異類諸世界**의

광 대 무 량 상　　　　　일 체 실 능 지
廣大無量相을　　　　**一切悉能知**로다

시방세계 가운데에 있는 바
다른 종류[異類] 여러 세계의
넓고 크고 한량이 없는 모양을
온갖 것을 모두 다 능히 알도다.

사람을 동류同類라고 하면 그 외 지옥 아귀 축생 아수라
등을 이류異類라고 한다. 이러한 이들의 모든 세계가 한량이
없고 광대한 것을 큰 지혜의 작용으로 남김없이 다 안다.

일 체 삼 세 중　　　　　무 량 제 국 토
一切三世中에　　　　**無量諸國土**를

구 족 심 심 지　　　　　실 료 피 성 패
具足甚深智하야　　　　**悉了彼成敗**로다

온갖 세 세상 가운데 있는
한량없는 모든 국토를
매우 깊고 깊은 지혜를 구족하여

이뤄지고 무너짐을 다 능히 알도다.

시 방 제 세 계 　　　　　유 성 혹 유 괴
十方諸世界가 　　　　**有成或有壞**니

여 시 불 가 설 　　　　　현 덕 실 심 료
如是不可說을 　　　　**賢德悉深了**로다

시방의 모든 세계 가운데에는

이뤄지는 것과 무너지는 것이 있어서

이와 같이 말할 수 없는 것들을

어지신 이[賢德]가 속속들이 모두 알도다.

깊고 깊은 지혜를 구족하여 일체 과거 현재 미래의 한량 없는 국토들이 생겨나고 사라지는 것을 다 안다. 미세먼지 나 작은 세포나 지구의 백 배 천 배 만 배가 넘는 큰 별들까 지 수시로 생주이멸生住異滅하며 성주괴공成住壞空하는데 그것 을 남김없이 다 안다. 깨달음의 지혜는 이와 같다.

혹 유 제 국 토 　　　　종 종 지 엄 식
或有諸國土가 　　　　**種種地嚴飾**하며

제 취 역 부 연 　　　　사 유 업 청 정
諸趣亦復然하니 　　　　**斯由業淸淨**이로다

그 가운데 어떠한 국토에서는

가지가지 장엄으로 땅을 꾸미고

여러 가지 갈래들 또한 그러하나니

이런 것은 청정한 업으로 되었도다.

혹 유 제 세 계 　　　　무 량 종 잡 염
或有諸世界의 　　　　**無量種雜染**은

사 유 중 생 혹 　　　　일 체 여 기 행
斯由衆生惑이니 　　　　**一切如其行**이로다

혹 어떤 모든 세계의

한량없는 갖가지로 물이 든 것은

이것도 중생들의 업으로 된 것

모두 다 지은 행行과 같은 것이라.

사람들이 사는 집이나 마을이나 도시나 국가나 모두 그

사람이 어떤 인연과 업을 지어서 그러한 곳에 살게 되는 것이다. 그러나 무엇보다 스스로 그 환경을 어떻게 생각하는가가 중요하다. 환경을 느끼고 알고 수용하는 주체는 자기 자신이기 때문이다.

무 량 무 변 찰　　　　　요 지 즉 일 찰
無量無邊刹을　　　**了知卽一刹**하고

여 시 입 제 찰　　　　　기 수 불 가 지
如是入諸刹하니　　**其數不可知**로다

한량없고 그지없는 모든 세계도
알고 보면 모두가 한 세계이니
이와 같이 모든 세계에 들어가면
그 수효 얼마인지 알 수 없도다.

한량없고 그지없는 모든 세계를 지혜로 꿰뚫어 보면 한 세계며 한 작은 먼지이다. 이와 같이 보아 아는 것이 깨달음의 지혜 작용이다.

일체 제 세 계
一切諸世界가

실 입 일 찰 중
悉入一刹中호대

세 계 불 위 일
世界不爲一이며

역 부 무 잡 란
亦復無雜亂이로다

일체의 모든 세계가

모두 다 한 세계에 들어가지만

세계들은 하나가 되지도 않고

그렇다고 잡란하지도 않으니라.

일체 세계가 한 세계에 들어간다고 해서 그것이 하나가
되거나 서로서로 뒤섞이고 어지러우면 그것은 한 세계에 들
어가는 것이 아니다. 아무리 여러 세계가 한 세계에 들어가
더라도 섞이거나 어지럽지 않다.

세 계 유 앙 복
世界有仰覆과

혹 고 혹 부 하
或高或復下가

개 시 중 생 상
皆是衆生想을

실 능 분 별 지
悉能分別知로다

세계는 잦혀지고 엎어도 지고
높은 것도 낮은 것도 있다 하지만
모두 다 중생들의 생각일 뿐이니
이런 것을 분별하여 모두 다 알도다.

화장세계품에도 세계의 모양이 여러 가지로 설명되어 있
다. 혹은 회전하는 형상과 혹은 강물이 흐르는 형상과 혹은
소용돌이 형상과 혹은 바퀴모양 형상과 혹은 흙을 쌓아 만
든 단의 형상 등 온갖 것이 다 있다. 여기에서도 잦혀도 지고
엎어도 지고 높은 것도 있고 낮은 것도 있으나 모두 중생들
의 생각에 따른 것임을 분별하여 다 안다고 하였다.

광 박 제 세 계　　　　무 량 무 유 변
廣博諸世界가　　　**無量無有邊**하니

지 종 종 시 일　　　　지 일 시 종 종
知種種是一이며　　**知一是種種**이로다

크고 넓은 온갖 여러 세계들
한량없고 끝간 데도 없다 하지만

여러 세계가 한 세계임을 알고
한 세계가 여러 세계임을 알도다.

온갖 모양의 세계와 넓고 넓은 세계가 한량이 없지만 그
여러 가지가 하나이며 하나가 곧 여러 가지라는 사실을 아
는 것은 깨달음의 지혜 작용이다.

보현 제 불 자
普賢諸佛子가

능 이 보 현 지
能以普賢智로

요 지 제 찰 수
了知諸刹數하나니

기 수 무 변 제
其數無邊際로다

보현의 여러 불자들이
능히 보현의 지혜를 가지고
여러 세계의 수효를 아나니
그 수효 많아서 끝이 없도다.

그와 같은 세계의 실상을 아는 것은 곧 보현의 지혜이다.
보현이라고 해서 어느 특정인을 지칭해서 말하는 것이 아니

다. 이와 같은 여러 세계의 수효를 아는 지혜가 곧 보현의 지혜이다.

<table>
<tr><td>지 제 세 계 화
知諸世界化와</td><td>찰 화 중 생 화
刹化衆生化와</td></tr>
<tr><td>법 화 제 불 화
法化諸佛化하야</td><td>일 체 개 구 경
一切皆究竟이로다</td></tr>
</table>

여러 종류 세계도 변화하여 되고
국토도 변화한 것 중생도 변화이며
법과 부처님도 변화로 된 줄 알아서
일체를 다 끝까지 이르게 되도다.

　세계와 국토와 중생과 법과 부처님 등 모든 것이 다 생각의 변화로 된 사실을 알아서 그 궁극을 다 깨닫게 된다. 과연 무엇이 실재하는가? 실재하는 것은 참으로 존재하는가? 보현의 지혜 작용에서 바라볼 때 세계와 국토와 중생과 법과 부처님 등 모든 것이 다 생각의 변화로 된 사실임을 알게 될 것이다.

일 체 제 세 계
一切諸世界의

미 세 광 대 찰
微細廣大刹에

종 종 이 장 엄
種種異莊嚴이

개 유 업 소 기
皆由業所起로다

일체의 모든 세계 가운데에는
작은 세계와 큰 세계가 모두 있어서
가지각색 다르게 장엄했나니
모두 다 업으로 생긴 것이로다.

세계와 국토와 중생과 법과 부처님까지 보현의 지혜로
보면 일체가 업으로 변화하여 된 것이며, 크고 작은 세계가
가지가지로 장엄한 것도 다 업으로 말미암아 생긴 것이다.

무 량 제 불 자
無量諸佛子가

선 학 입 법 계
善學入法界하야

신 통 력 자 재
神通力自在하야

보 변 어 시 방
普徧於十方이로다

한량없는 모든 불자들이

잘 배워서 법계에 들어가
자유자재한 신통의 힘으로
시방의 모든 세계에 두루 하도다.

화엄경 마지막 품이 법계에 들어간다는 입법계품入法界品
이다. 한량없는 불자들이 발심하여 불교 공부를 바르게 잘
하면 궁극에는 진리의 세계인 법계에 들어가게 된다는 뜻이
다. 법계에 들어가면 자유자재한 신통의 힘으로 시방의 모
든 세계에 두루 하여 이르지 못하는 곳이 없다.

중 생 수 등 겁
衆生數等劫에

설 피 세 계 명
說彼世界名호대

역 불 능 령 진
亦不能令盡이요

유 제 불 개 시
唯除佛開示로다

중생들의 수효와 같은 겁 동안
저 세계의 이름을 말한다 해도
끝까지는 다 말할 수 없나니
오직 부처님이 열어 보이심은 제외하느니라.

우주법계에 중생들의 수효가 얼마나 될까. 말할 수 없이 말할 수 없는 불찰미진수이리라. 그 많고 많은 중생의 수효처럼 많고 많은 세계의 이름을 어찌 다 설명할 수 있겠는가. 오직 부처님이나 열어 보일 수 있으리라.

(3) 부처님의 경계를 밝게 아는 행

세 계 급 여 래
世界及如來의

종 종 제 명 호
種種諸名號를

경 어 무 량 겁
經於無量劫토록

설 지 불 가 진
說之不可盡이어든

여러 가지 세계와 모든 여래의
한량없는 가지가지 모든 이름들
한량없는 세월을 지내 가면서
말하여도 끝까지 못다 하거늘

하 황 최 승 지
何況最勝智의

삼 세 제 불 법
三世諸佛法이

종 어 법 계 생   충 만 여 래 지
從於法界生하야   **充滿如來地**아

어찌 하물며 가장 수승한 지혜의
세 세상 부처님의 모든 법들
법계에 의지하여 생기어 나서
여래의 그 지위에 가득함이랴.

세계의 이름과 여래의 이름이 얼마나 많은가. 아무리 오
랜 세월을 지나면서 설명한다 하더라도 다할 수 없다. 하물
며 여래의 깨달음으로 성취한 가장 수승한 지혜로 펼쳐 놓은
과거와 현재와 미래의 모든 부처님의 법이 법의 세계로부터
출생하여 여래의 경지에 가득한 것을 어찌 다 말할 수 있겠
는가.

청 정 무 애 념   무 변 무 애 혜
清淨無礙念과   **無邊無礙慧**로

분 별 설 법 계   득 지 어 피 안
分別說法界하야   **得至於彼岸**이로다

청정하여 장애가 없는 생각과

그지없고 걸림없는 지혜를 써서

법계를 분별하여 연설한다면

저 언덕에 이를 수 있게 되리라.

가장 수승한 지혜로 펼쳐 놓은 과거와 현재와 미래의 모든 부처님의 법이 법의 세계로부터 출생하여 텅 비고 청정하고 걸림이 없는 생각과 지혜로 법의 세계를 분별하여 연설한다면 반드시 궁극에 이르게 될 것이다. 그와 같은 지혜가 아니면 여래의 경지에 가득한 것을 말할 수 없을 것이다.

(4) 삼세의 부처님이 중생 교화함을 알다

과 거 제 세 계
過去諸世界의

광 대 급 미 세
廣大及微細와

수 습 소 장 엄
修習所莊嚴을

일 념 실 능 지
一念悉能知로다

지난 세상 모든 세계의

넓고 크고 미세한 것과

수행하고 익혀서 장엄한 바를
한 생각에 모두 다 알게 되도다.

부처님의 경계를 밝게 알고, 나아가서 삼세의 부처님이
중생을 교화한 온갖 크고 작은 일을 한순간에 다 안다.

기 중 인 사 자　　　　　수 불 종 종 행
其中人獅子가　　　　　修佛種種行하야

성 어 등 정 각　　　　　시 현 제 자 재
成於等正覺하야　　　　示現諸自在하나니

그 가운데 사람사자가
부처님의 가지가지 행을 닦아서
평등하고 바른 깨달음을 성취한 뒤에
모든 자유자재한 힘을 나타내도다.

부처님을 흔히 사람사자[人獅子]라고 한다. 삼세의 부처님
이 부처님의 가지가지 수행으로 정각을 이루게 된 것과 중생
들을 교화한 것을 또한 다 안다.

여 시 미 래 세
如是未來世의

차 제 무 량 겁
次第無量劫에

소 유 인 중 존
所有人中尊을

보 살 실 능 지
菩薩悉能知로다

이와 같이 앞으로 오는 세월에
차례차례 한량없는 모든 겁 동안
계시는 바 사람 중의 높으신 이들
보살들이 능히 알게 되도다.

과거의 부처님과 현재의 부처님에 대해서 중생 교화의 일을 잘 알 뿐만 아니라 미래 한량없는 세월의 부처님에 대해서도 그 모든 것을 보살은 능히 다 안다.

소 유 제 행 원
所有諸行願과

소 유 제 경 계
所有諸境界로

여 시 근 수 행
如是勤修行하야

어 중 성 정 각
於中成正覺하며

그들의 소유하신 행과 서원과

그들의 소유하신 모든 경계를

이와 같이 부지런히 닦아 행하면

그 중에서 정각正覺을 이루느니라.

미래 모든 부처님의 수행과 원력과 모든 경계를 알고 본받아 부지런히 닦아서 정각을 이룬다.

역 지 피 중 회
亦知彼衆會의

수 명 화 중 생
壽命化衆生하야

이 차 제 법 문
以此諸法門으로

위 중 전 법 륜
爲衆轉法輪이로다

저들의 여러 회상會上에 모인 이들과

수명과 교화할 바 중생까지 또한 다 알고

이러한 여러 가지 법문으로써

중생 위해 법륜을 굴리느니라.

중생들을 위해서 법륜을 굴리는 내용은 무엇으로 되어 있는가. 불보살의 회상과 그 대중과 그들의 수명과 중생을 교화하는 일과 온갖 법문으로 다시 중생을 위해서 법륜을 굴리는 일이다. 예컨대 어느 한 선지식의 회상을 낱낱이 소개하게 되면 위와 같은 내용들로 이루어질 것이다.

보 살 여 시 지　　　　주 보 현 행 지
菩薩如是知　　　**住普賢行地**하야

지 혜 실 명 료　　　　출 생 일 체 불
智慧悉明了하야　　**出生一切佛**이로다

보살이 이와 같이 알고 난 뒤에
보현보살의 행하시던 지위에 머물러
깊은 지혜로 모두 다 분명히 알고
일체 부처님을 출생하게 되도다.

　보살이 궁극적으로 알고 머물러야 할 곳은 지혜와 그 실천행을 모두 갖춘 보현보살의 경지이다. 보현보살의 지혜와 행원으로 사람 사람이 모두 부처님이라는 사실을 깨닫고 부처님으로 살아가게 하는 것이다.

현 재 세 소 섭
現在世所攝인

일 체 제 불 토
一切諸佛土에

심 입 차 제 찰
深入此諸刹하야

통 달 어 법 계
通達於法界로다

현재의 이 세상에 포섭되어 있는

일체 모든 부처님의 여러 국토를

이 모든 세계에 깊이 들어가

법계를 남김없이 통달해 알도다.

일체 모든 국토와 모든 세계에 깊이 들어가서 법의 세계
를 남김없이 통달하여 다 안다.

피 제 세 계 중
彼諸世界中에

현 재 일 체 불
現在一切佛이

어 법 득 자 재
於法得自在하야

언 론 무 소 애
言論無所礙로다

저 모든 세계 가운데

현재에 계시는 모든 부처님

여러 법에 자재함을 얻으셨으며

언론에도 걸릴 것이 없음이로다.

모든 세계의 모든 부처님은 일체 존재의 유형 무형의 모든 법에 대하여 걸림없이 자유자재하다. 그리고 그것을 이치로 설명하는 언론에 대해서도 걸림이 없이 마음껏 표현한다.

역 지 피 중 회
亦知彼衆會에

정 토 응 화 력
淨土應化力하야

진 무 량 억 겁
盡無量億劫토록

상 사 유 시 사
常思惟是事로다

저들의 모든 회상 모인 대중과
정토와 화현化現하는 힘을 다 알아
한량없는 억만 겁이 다할 때까지
언제나 이런 일을 생각하도다.

모든 사람과 모든 생명이 모두 부처님 회상의 대중들이다. 부처님과 보살들이 배제하는 사람과 생명이 어디 있겠는가. 그 어떤 사람이든 그 어떤 생명이든 모두 교화하고 제도해야 할 아들딸이기 때문이다. 그래서 증엄證嚴스님은 성당도 지어 주고 교회도 지어 주고 회교사원도 지어 주어서 그들이 예배를 보고 기도를 하는 데 불편함이 없도록 한 것이다.

조 어 세 간 존   소 유 위 신 력
調御世間尊의   **所有威神力**과

무 진 지 혜 장   일 체 실 능 지
無盡智慧藏을   **一切悉能知**로다

중생을 다스리는 세상에서 높은 이[世間尊]

갖고 계신 위엄과 신통한 힘과

끝이 없는 지혜의 창고를

일체를 모두 다 분명히 알도다.

보살은 세존의 위신력과 다함이 없는 지혜의 창고와 그 외의 일체를 다 잘 알고 있다.

(5) 육근六根이 걸림이 없다

출 생 무 애 안　　　　　무 애 이 비 신
出生無礙眼과　　　　無礙耳鼻身과

무 애 광 장 설　　　　능 령 중 환 희
無礙廣長舌하야　　　能令衆歡喜로다

막힘없는 눈이며 막힘없는 귀
막힘없는 몸이며 막힘없는 코
막힘없는 넓고 긴 혀를 내어서
중생들로 하여금 기쁘게 하도다.

최 승 무 애 심　　　　광 대 보 청 정
最勝無礙心이　　　　廣大普淸淨하며

지 혜 변 충 만　　　　실 지 삼 세 법
智慧徧充滿하야　　　悉知三世法이로다

가장 수승한 걸림이 없는 마음
넓고 크고 드넓게 청정하오며
지혜도 두루 하고 충만하여서
세 세상 온갖 법을 모두 알도다.

눈과 귀와 코와 몸과 혀와 마음, 이 모든 육근이 하나하나 걸림이 없어 광대하고 청정하다. 청정한 육근으로 지혜가 충만하여 과거 현재 미래의 모든 법을 남김없이 다 안다.

(6) 일체 변화를 잘 배우다

선 학 일 체 화
善學一切化하면

찰 화 중 생 화
刹化衆生化와

세 화 조 복 화
世化調伏化와

구 경 화 피 안
究竟化彼岸이로다

온갖 것이 변화임을 잘 배우면

세계도 변화이고 중생도 변화

세월도 변화이고 조복도 변화

구경에 변화의 저 언덕에 이르도다.

변화하는 이치를 잘 배워 알면 일체가 모두 변화여서 세계와 중생과 세월과 조복이 모두 변화이다. 그래서 구경에는 변화의 저 언덕에 이르게 된다.

세 간 종 종 별
世間種種別이

개 유 어 상 주
皆由於想住니

입 불 방 편 지
入佛方便智하야

어 차 실 명 료
於此悉明了로다

세간의 가지가지 차별한 것들
모두가 생각으로 있는 것이니
부처님의 방편 지혜에 들어가면
여기에서 모든 것을 다 알게 되도다.

세상에 있는 갖가지 차별한 것은 모두가 생각으로 인하여 있는 것인데 부처님의 방편 지혜에 들어가면 이 모든 것에 대하여 명료하게 다 안다.

중 회 불 가 설
衆會不可說에

일 일 위 현 신
一一爲現身하야

실 사 견 여 래
悉使見如來하고

도 탈 무 변 중
度脫無邊衆이로다

모든 회상會上 다 말할 수가 없거든

하나하나 이 몸을 나타내어서

그들로 하여금 여래를 다 보게 하고

그지없는 중생을 제도하도다.

대중들이 모인 회상이 말할 수 없이 많다. 그 많고 많은
회상마다 부처님은 낱낱이 몸을 나타내어 회상에 모인 대중
들로 하여금 친견하게 한다. 친견한 중생들은 모두 교화를
받고 조복되었다.

(7) 세 가지 세간世間이 자재하다

제 불 심 심 지
諸佛甚深智가

여 일 출 세 간
如日出世間하야

일 체 국 토 중
一切國土中에

보 현 무 휴 식
普現無休息이로다

모든 부처님들의 깊고 깊은 지혜는

밝은 해가 세상에 떠 있는 듯하여

일체 국토 가운데 두루 나타나

언제나 쉬는 일이 없는 것과 같도다.

세 가지 세간[三種世間]이란 화엄종에서 세운 것으로, 먼저 기세간器世間은 우리가 살고 있는 국토를 말하고, 다음은 중생세간衆生世間으로 부처님을 제외한 다른 일체 중생을 말하며, 끝으로 지정각세간智正覺世間은 모든 부처님들을 가리킨다. 이러한 세 가지 세간이 자재함을 밝혔다. 모든 부처님들의 깊고 깊은 지혜는 밝은 해가 세상에 떠 있는 듯하여 일체 국토 가운데 두루 나타나 있다. 이와 같은 지혜로 삼종세간을 자재하게 밝게 보는 것이다.

요 달 제 세 간
了達諸世間이

가 명 무 유 실
假名無有實하며

중 생 급 세 계
衆生及世界가

여 몽 여 광 영
如夢如光影이로다

모든 세간이 거짓 이름뿐이고
실상이 없음을 분명히 통달하니
중생이나 세계가
꿈과 같고 그림자 같도다.

모든 세간이 실상의 관점에서 보면 거짓 이름뿐이다. 실재하는 것은 아무것도 없다. 중생세간이 그렇고 기세간이 그렇다. 모두가 꿈이요 그림자일 뿐이다.

어 제 세 간 법	불 생 분 별 견
於諸世間法에	**不生分別見**하며

선 리 분 별 자	역 불 견 분 별
善離分別者도	**亦不見分別**이로다

모든 세간의 법에서
분별하는 소견을 내지 않으며
분별을 잘 떠난 사람에 대해서도
또한 분별함을 보지 않도다.

일체 세계가 실재한다고 분별하지 않으므로 그와 같은 분별을 떠난 사람에 대해서까지도 분별을 내지 않는다. 분별을 떠난 사람은 그대로 둔 채 분별만 내지 않는다는 것은 불완전한 떠남이다.

무 량 무 수 겁　　　　해 지 즉 일 념
無量無數劫을　　　**解之卽一念**하고

지 념 역 무 념　　　　여 시 견 세 간
知念亦無念하야　　**如是見世間**이로다

한량없고 수효가 없는 겁들도
알고 보면 그것이 한 생각이니
생각함도 또한 생각이 없는 줄 알아
이와 같이 세간을 보게 되도다.

무량한 멀고 먼 겁이 곧 한 생각이고 한 생각이 곧 무량
한 멀고 먼 겁이다. 그렇게 보는 그 한 생각마저 생각이 없
다. 세간을 보기를 그와 같이 한다.

무 량 제 국 토　　　　일 념 실 초 월
無量諸國土를　　　**一念悉超越**하야

경 어 무 량 겁　　　　부 동 어 본 처
經於無量劫호대　　**不動於本處**로다

한량없는 모든 국토를

한 생각에 모두 다 뛰어넘어서
한량없이 오랜 겁 지낸다 해도
본래의 곳에서 움직이지 않도다.

불 가 설 제 겁	즉 시 수 유 경
不可說諸劫이	**即是須臾頃**이니
막 견 수 여 단	구 경 찰 나 법
莫見脩與短하라	**究竟刹那法**이로다

말로 다 할 수가 없는 모든 겁들도
그것이 눈 깜짝할 동안 일이니
오래고 짧은 것을 보지 말지니라.
구경에는 한 찰나의 법이 되도다.

가고 오는 것이 끝이 없지만[往復無際] 움직이고 고요함은
하나의 근원[動靜一源]이다. 한량없는 국토와 한량없는 겁도
텅 빈 본래의 자리를 떠나지 않고 있다. 예컨대 천 가지 만
가지 물결을 일으키지만 그 물결은 본래의 변함없는 물일 뿐
이다.

심 주 어 세 간
心住於世間하고

세 간 주 어 심
世間住於心호대

어 차 불 망 기
於此不妄起

이 비 이 분 별
二非二分別이로다

이 마음은 세간에 머물러 있고

이 세간은 마음에 머물렀나니

여기에서 둘이다 둘이 아니다

그런 분별 허망하게 내지 말지라.

일체 세간이 곧 한 마음이요 한 마음이 곧 일체 세간이다.

한 마음과 일체 세간을 두 가지로 볼 것인가 하나로 볼 것인

가. 둘이면서 하나이고 하나이면서 둘이다.

중 생 세 계 겁
衆生世界劫과

제 불 급 불 법
諸佛及佛法이

일 체 여 환 화
一切如幻化하야

법 계 실 평 등
法界悉平等이로다

중생이나 세계나 모든 겁이나

저러한 부처님과 부처님 법이
모두가 요술 같고 변화 같아서
법계가 한결같이 평등하도다.

중생과 세계와 시간과 부처님과 부처님의 법에 대해서 어떠한 관념을 가지고 있는가. 그야말로 모두가 관념일 뿐이다. 실재하는 것은 아무것도 없다. 없기만 한 것이 아니라 실재하기도 한다. 실재함과 텅 비어 공함이 둘이면서 또한 둘이 아니다.

보 어 시 방 찰
普於十方剎에

시 현 무 량 신
示現無量身호대

지 신 종 연 기
知身從緣起하야

구 경 무 소 착
究竟無所着이로다

널리 시방의 모든 세계에
한량없는 몸을 나타내지만
이 몸이 인연으로 생긴 줄 알면
구경에는 집착할 것 아주 없도다.

모든 세계와 한량없는 몸과 나와 너와 나의 것과 너의 것, 일체 부귀공명과 희로애락이 모두 인연으로 생긴 것이며 인연으로 소멸하는 것이다. 세상 사람들은 이러한 이치 한 가지를 몰라서 집착하고, 집착하므로 시시비비와 온갖 고통과 불행이 따르게 된다. 그래서 "성공한 인생이란 인연에 순응하고, 인연을 파악하고, 인연을 창조하는 것이다."라고 하였다.

의 어 무 이 지
依於無二智하야

출 현 인 사 자
出現人獅子호대

불 착 무 이 법
不着無二法하야

지 무 이 비 이
知無二非二로다

둘이 없는 지혜를 의지하여서
사람 중의 사자가 나타나나니
둘이 없는 법에도 집착 안 해야
둘이며 둘이 아님이 없음을 알리라.

일체 존재의 현상은 모두 둘로 나누어지는 상대적인 관

계로 이루어져 있다. 둘이 없는 지혜란 그 상대적 둘로 나누어져 있는 것의 실상을 바로 꿰뚫어 보는 안목이다. 사람 중의 사자인 부처님은 곧 그와 같은 지혜로부터 출현하였다. 둘에도 집착하지 아니하고 둘이 없음에도 집착하지 아니하여 둘이면서 둘이 아님이 없는 것까지 다 안다.

(8) 지정각智正覺세간이 자재하다

요 지 제 세 간
了知諸世間이

여 염 여 광 영
如焰如光影하며

여 향 역 여 몽
如響亦如夢하며

여 환 여 변 화
如幻如變化하고

분명히 알지어다. 모든 세간이
아지랑이 같고 그림자 같고
메아리 같고 꿈과 같고
요술과 같고 변화한 것과 같도다.

여 시 수 순 입
如是隨順入

제 불 소 행 처
諸佛所行處하야

성 취 보 현 지
成就普賢智하야

보 조 심 법 계
普照深法界로다

이와 같이 수순하여
모든 부처님이 행하시던 곳에 들어가
보현의 큰 지혜를 성취하여
깊고 깊은 법계를 두루 비추도다.

모든 세간이 아지랑이 같고, 그림자 같고, 메아리 같고,
꿈과 같고, 요술과 같고, 변화한 것과 같은 것임을 잘 아는
경지가 곧 지정각智正覺세간이다. 이와 같이 수순하여 모든
부처님이 행하시던 곳에 들어가 보현의 큰 지혜를 성취하여
깊고 깊은 법계를 두루 비춘다.

중 생 찰 염 착
衆生剎染着을

일 체 개 사 리
一切皆捨離호대

이 흥 대 비 심
而興大悲心하야

보 정 제 세 간
普淨諸世間이로다

중생이나 국토에 물든 집착을

이것저것 모두 다 떠나 버리고
크게 자비한 마음을 일으키어서
모든 세간 골고루 청정하게 하도다.

중생이나 국토나 그 무엇이든 집착이 있으면 큰 자비심
을 일으키기 어렵다. 집착이 없으므로 큰 자비심을 일으켜서
온 세상을 청정한 불국토로 정화할 수 있게 된다.

보 살 상 정 념   논 사 자 묘 법
菩薩常正念   論獅子妙法이

청 정 여 허 공   이 흥 대 방 편
淸淨如虛空이나   而興大方便이로다

보살들이 언제나
언론사자의 미묘한 법을 바르게 생각함이
청정하기 허공과 같으나
크고 큰 방편을 일으키도다.

보살들은 언제나 부처님의 미묘한 가르침을 바르게 생각

한다. 어떻게 생각하는 것이 바르게 생각하는 것인가. 텅 빈
것이 마치 허공과 같은 데서 큰 방편을 구름처럼 일으켜서
중생을 교화한다.

견 세 상 미 도	발 심 함 구 도
見世常迷倒하고	發心咸救度일새
소 행 개 청 정	보 변 제 법 계
所行皆淸淨하야	普徧諸法界로다

세상이 항상 아득하고 뒤바꿈을 보고
마음을 내어 구원하고 제도하거든
행하는 일 모두 다 청정하여서
모든 법계에 널리 두루 하도다.

　세상의 중생들은 항상 존재의 실상을 바르게 보지 못하
고 미혹하고 전도되어 있다. 보살들은 그것을 보고 마음을
내어 모두 교화하고 조복한다. 그래서 보살이 행하는 바는
청정하면서 모든 법계에 두루 하다.

제불급보살　　　　　불법세간법
諸佛及菩薩과　　　**佛法世間法**에

약견기진실　　　　　일체무차별
若見其眞實이면　　**一切無差別**이로다

모든 부처님과 모든 보살과

불법과 세간의 법에

만약 그 진실을 보면

일체가 차별이 없도다.

중생들은 부처님과 보살을 다르게 본다. 또 불법과 세간 법을 다르게 본다. 그러나 그 진실한 실상을 보는 눈이 있다면 일체를 차별 없이 볼 것이다. 금강경에도 "일체 법이 모두 불법이다."라는 말이 있다. 하물며 화엄경의 안목이겠는가.

(9) 몸이 아닌 데서 몸을 나타내는 행

여래법신장　　　　　보입세간중
如來法身藏이　　　**普入世間中**이니

수재어세간　　　　　어세무소착
雖在於世間이나　　**於世無所着**이로다

여래의 법신을 감춘 그대로
모든 세간 가운데 두루 들어가니
비록 세간 속에 있다 하여도
세간에 집착함이 조금도 없도다.

부처님의 몸은 법계에 충만해 있다. 어디인들 부처님의
몸이 없겠는가. 굳이 특정한 형상을 보고 부처님이라고 집
착할 일이 아니다.

비 여 청 정 수
譬如淸淨水에

영 상 무 래 거
影像無來去인달하야

법 신 변 세 간
法身徧世間도

당 지 역 여 시
當知亦如是로다

비유하면 깨끗한 물속에 비친
영상은 오고 감이 없는 것과 같이
법신이 온 세간에 두루 한 것도
이것과 같은 줄을 마땅히 알리라.

맑고 깨끗한 물에는 영상이 많이 비친다. 해도 달도 구름도 산도 다 비친다. 그러나 그것은 물속에서 오고 감이 없다. 여래의 법신도 실은 세간에 두루 하지만 결코 오고 감이 없다.

여 시 이 염 착
如是離染着에

신 세 개 청 정
身世皆淸淨하야

담 연 여 허 공
湛然如虛空하야

일 체 무 유 생
一切無有生이로다

이와 같이 물든 것을 모두 여의면
이 몸과 이 세상이 모두 청정해
고요하고 맑은 것이 허공과 같아
일체가 생멸하지 아니하도다.

부처님의 법신이 오고 감이 있다고 생각하던 집착이 다 떠나면 이 몸도 이 세상도 모두 텅 비어 허공과 같아진다. 허공과 같은데 무슨 생멸변화가 있겠는가.

지 신 무 유 진
知身無有盡하며

무 생 역 무 멸
無生亦無滅하며

비 상 비 무 상
非常非無常하야

시 현 제 세 간
示現諸世間이로다

이 몸이 다하는 일 없으며

나지도 아니하고 멸함도 없으며

항상함도 아니고 무상함도 아님을 알아

모든 세간에 나타내 보이도다.

법신이며 법성이며 진여자성이며 참마음, 참나, 참사람인
불성사람은 나지도 않고 멸하지도 않으며 항상한 것도 아
니고 무상한 것도 아니다. 그러면서 모든 세간에 다 나타난다.

제 멸 제 사 견
除滅諸邪見하야

개 시 어 정 견
開示於正見하나니

법 성 무 래 거
法性無來去일새

불 착 아 아 소
不着我我所로다

모든 삿된 소견 없애 버리고

진정한 바른 소견 열어 보이면
법의 성품 오고 가는 일이 없어서
나에게나 내 것에나 집착 않도다.

법신이며 법성이며 진여자성이며 참마음, 참나, 참사람인
불성사람은 나지도 않고 멸하지도 않으며 항상한 것도 아
니고 무상한 것도 아니라는 사실을 바로 안다면 나에게도
나의 소유에도 집착이 없다.

(10) 한량이 없는 데서 한량을 보이다

비 여 공 환 사
譬如工幻師가

시 현 종 종 사
示現種種事하나니

기 래 무 소 종
其來無所從이며

거 역 무 소 지
去亦無所至로다

비유하면 마술을 잘하는 사람이
가지가지 일을 나타내 보이지만
오더라도 어디서 온 곳이 없고
간다 해도 어디든지 이를 데 없도다.

환 성 비 유 량
幻性非有量이며

역 부 비 무 량
亦復非無量이로대

어 피 대 중 중
於彼大衆中에

시 현 양 무 량
示現量無量이로다

마술의 본성은 한량이 있지 않고
또한 다시 한량이 없는 것도 아니지마는
대중이 모여 있는 저 가운데서
한량 있고 한량없음을 보이느니라.

마술사들이 마술로 만들어 내는 여러 가지 일은 오는 곳
도 없고 가는 곳도 없다. 다만 마술을 부리는 동안만 있는
것처럼 보일 뿐이다. 그래서 마술의 본성품은 한량이 있지도
않고 한량이 없지도 않지만 대중들에게 온갖 것을 나타낸다.

이 차 적 정 심
以此寂定心으로

수 습 제 선 근
修習諸善根하야

출 생 일 체 불
出生一切佛하나니

비 량 비 무 량
非量非無量이로다

이 고요한 선정의 마음으로
여러 가지 착한 뿌리 닦아 익혀서
일체의 부처님을 출생하나니
한량이 있고 한량이 없음이 모두 아니니라.

선근을 닦아서 회향하는 것이 곧 고요한 선정의 마음이
며, 고요한 선정의 마음이 곧 선근을 닦아서 회향하는 일이
다. 이와 같이 선근을 닦아 일체 부처님을 출생한다. 이와
같이 출생하는 부처님은 한량과 한량 아님이 모두 아니다.

유 량 급 무 량
有量及無量이

개 실 시 망 상
皆悉是妄想이니

요 달 일 체 취
了達一切趣하면

불 착 양 무 량
不着量無量이로다

한량이 있다 한량이 없다 하는 것들이
모두 다 허망한 생각으로 하는 말이니
일체의 참된 이치를 통달해 알면
한량이 있다 없다 집착 않도다.

부처님의 출생에 한량이 있다 한량이 없다 하는 것은 모두 다 허망한 생각으로 하는 말이다. 일체의 참된 이치를 통달해 알면 그와 같은 말에는 집착하지 않는다.

제 불 심 심 법
諸佛甚深法이

광 대 심 적 멸
廣大深寂滅하니

심 심 무 량 지
甚深無量智로

지 심 심 제 취
知甚深諸趣로다

모든 부처님의 깊고 깊은 법
넓고 크고 깊으며 적멸하나니
깊고 깊은 한량없는 지혜라야
깊고 깊은 모든 이치 알게 되리라.

깨달음에 의한 모든 부처님의 깊고 깊은 법은 넓고 크고 깊으며 적멸하다. 법이 본래 그러하므로 깊고 깊은 한량없는 지혜라야 깊고 깊은 모든 이치를 알게 된다.

보살이미도　　　　　　　　심정상상속
菩薩離迷倒하야　　　　　　**心淨常相續**이나

교이신통력　　　　　　　　도무량중생
巧以神通力으로　　　　　　**度無量衆生**이로다

보살은 아득하고 뒤바뀜 떠나
마음이 깨끗함이 늘 계속하나니
교묘하게 신통한 힘을 가지고
한량없는 중생을 건지느니라.

보살은 바른 안목과 바른 소견으로 마음이 항상 청정하
며 신통한 힘으로 한량없는 중생을 제도한다.

6) 지혜에 나아가서 큰 자비를 행하다

(1) 머무름 없이 중생을 교화하다

미안자영안　　　　　　　　안자시도량
未安者令安하며　　　　　　**安者示道場**하야

여시변법계　　　　　　　　기심무소착
如是徧法界호대　　　　　　**其心無所着**이로다

편안하지 못한 자를 편안케 하며
편안한 자에게는 도량道場을 보여서
이와 같이 법계에 두루 하여도
그 마음은 어디에도 집착 없도다.

    사람은 무엇을 하기 전에 먼저 고통이 없어야 한다. 그래
서 보살은 편안하지 못한 이를 먼저 편안하게 하고 이미 편
안한 사람에게는 깨달음의 도량을 보인다. 이와 같이 법계
에 두루 하나 마음은 집착하지 않는다.

부 주 어 실 제
不住於實際하며

불 입 어 열 반
不入於涅槃하야

여 시 변 세 간
如是徧世間하야

개 오 제 군 생
開悟諸群生이로다

실제實際에 머물지 아니하면서
열반에 들지도 않도다.
이와 같이 온 세간에 두루 하여
모든 중생을 깨우치도다.

여기에서 실제實際란 현실을 의미한다. 보살은 현실에 머물지 아니하고 그렇다고 열반에 안주하지도 않는다. 이세간품에서는 "선지식을 멀리하고 악지식을 가까이하며, 성문과 연각의 가르침을 즐겨 구하고 다시 세상에 태어나기를 좋아하지 아니하며, 뜻에 열반을 숭상하여 욕심을 떠나 고요한 데 머무는 것이 마군의 업이다."³⁾라고 하였다. 세상을 구제해야 하는 보살은 현실에 집착해도 안 되지만 현실을 외면해서도 안 된다. 고요한 열반에 안주하여 다시 이 세상에 태어나지 않는 것은 보살의 의무를 저버리는 것이다. 대승보살불교는 반드시 이와 같아야 한다.

법 수 중 생 수	요 지 이 불 착
法數衆生數를	**了知而不着**하고
보 우 어 법 우	충 흡 제 세 간
普雨於法雨하야	**充洽諸世間**이로다

법의 수효와 중생의 모든 수효를

---

3) 遠善知識하고 近惡知識하며 樂求二乘하야 不樂受生하며 志尙涅槃하야 離欲寂靜이 是爲魔業이요

분명하게 알면서도 집착하지 않고
불법의 비를 널리 내려서
모든 세간을 흡족하게 하도다.

보살은 법의 수효와 중생의 모든 수효를 분명하게 알면
서도 집착하지 않고 불법의 비를 널리 내려서 모든 세간을
흡족하게 적신다.

보 어 제 세 계	염 념 성 정 각
普於諸世界에	念念成正覺호대
이 수 보 살 행	미 증 유 퇴 전
而修菩薩行하야	未曾有退轉이로다

모든 세계에 두루 퍼져서
생각마다 정각을 이루면서도
보살의 행할 일을 늘 닦아서
잠깐도 물러나지 아니하도다.

보살은 모든 세계에 두루 퍼져서 순간순간 정각을 이루

고 보살행을 닦아서 잠깐도 물러서지 않는다.

(2) 몸이 아닌 데서 몸을 나타내다

세 간 종 종 신
世間種種身을

일 체 실 요 지
一切悉了知하니

여 시 지 신 법
如是知身法하면

즉 득 제 불 신
則得諸佛身이로다

세간의 가지가지 몸을
일체를 모두 다 분명히 알고
이와 같이 몸의 법 모두 안다면
곧바로 부처님의 몸을 얻게 되도다.

세간에 가지가지 몸이 있다 하더라도 그 몸의 실상을 알면 곧바로 부처님의 몸을 얻는다. 몸의 실상[身法]이 곧 부처님이며 부처님이 곧 몸의 실상이기 때문이다.

보 지 제 중 생
普知諸衆生과

제 겁 급 제 찰
諸劫及諸刹하야

시 방 무 애 제
十方無涯際에

지 해 무 불 입
智海無不入이로다

모든 중생과

모든 겁과 모든 세계를 널리 알아서

시방의 끝간 데가 없는

지혜의 바다에 다 들어가도다.

보살은 중생과 시간이라는 겁과 공간이라는 세계를 널리

다 알아서 끝없는 시방에 지혜로 다 들어간다.

중 생 신 무 량
衆生身無量에

일 일 위 현 신
一一爲現身하니

불 신 무 유 변
佛身無有邊을

지 자 실 관 견
智者悉觀見이로다

중생의 몸 한량없는데

낱낱이 그들을 위해 몸을 나타내니

부처님의 몸 끝없음을

지혜 있는 이들이 모두 보도다.

보살이 한량없는 중생들의 몸에 맞추어 낱낱이 다시 몸을 나타낸다. 그와 같은 작용에서 지혜 있는 이는 끝없는 부처님의 몸을 다 본다.

일 넘 지 소 지
一念之所知

출 현 제 여 래
出現諸如來를

경 어 무 량 겁
經於無量劫토록

칭 양 불 가 진
稱揚不可盡이로다

한 찰나 동안에도 알 수 있는
시방에 나타나는 모든 여래를
한량없는 세월을 지내 가면서
칭찬해도 끝까지 다할 수 없도다.

부처님의 몸은 법계에 충만해 있다. 법계에 충만해 있는 부처님이지만 한순간에 남김없이 다 아는 바다. 또 한순간에 다 아는 부처님을 한량없는 세월이 지나도록 칭찬해도 다할 수 없다.

(3) 사리를 분포하다

제 불 능 현 신
諸佛能現身하사

처 처 반 열 반
處處般涅槃하니

일 념 중 무 량
一念中無量한

사 리 각 차 별
舍利各差別이로다

모든 부처님이 몸을 나타내어

곳곳마다 열반에 드시는 일이

한 생각 가운데도 한량없으며

사리도 모두 다 각각 차별하도다.

사리는 유골이라고 번역한다. 즉 부처님이 남기신 뼈다.
생명이 다한 뒤 육신은 다 타서 한 줌의 재로 변하고 그 재
는 주변의 자연으로 돌아가고 만다. 육신은 당연히 그래야
한다. 그런데 부처님의 사리는 팔만사천 진리의 가르침이라
는 사리로 남아 곳곳에서 영원히 빛을 발하고 있다. 필자는
『108 자재어自在語』라는 성엄(聖嚴,1930~2009)스님의 책을 반드
시 "성엄스님의 평생 수행의 사리다."라고 말한다. 진실한
사리는 이와 같은 것이다.

(4) 한량없는 보리심

여 시 미 래 세　　　　유 구 어 불 과
如是未來世에　　　　**有求於佛果**하는

무 량 보 리 심　　　　결 정 지 실 지
無量菩提心을　　　　**決定智悉知**로다

이와 같이 장차 오는 여러 세상에
부처님의 최상 결과[佛果] 구하는 이들
한량없는 보리심을
결정한 지혜로써 모두 다 알도다.

한량없는 보리심을 잘 알아 발심하게 되면 미래 세상에
부처님의 경지인 불과佛果를 이루게 될 것을 분명히 안다.

여 시 삼 세 중　　　　소 유 제 여 래
如是三世中에　　　　**所有諸如來**를

일 체 실 능 지　　　　명 주 보 현 행
一切悉能知일새　　　　**名住普賢行**이로다

이와 같이 과거 현재 미래 세상에
한량없이 출현하는 모든 여래를

그런 이들 모두 다 아는 이라야

보현행에 머문다고 이름하도다.

과거 현재 미래 세상에 한량없이 출현하는 모든 여래를 모
두 다 알고 믿는 사람은 곧 보현보살의 행에 머문 사람이다.

(5) 법륜에 깊이 들어가다

여 시 분 별 지
如是分別知

무 량 제 행 지
無量諸行地하야

입 어 지 혜 처
入於智慧處하니

기 륜 불 퇴 전
其輪不退轉이로다

한량없는 모든 행을 닦는 지위를

이와 같이 분별하여 모두 다 알고

지혜의 경지에 들어가고는

그 법륜法輪 물러나지 아니하도다.

처음 보리심을 내는 순간이 곧 정각을 이루는 순간이다.

그래서 지위도 없고 점차도 없다. 지위도 없고 점차도 없는

가운데 또한 한량없는 지위와 점차가 있다. 그것을 원융문 圓融門과 항포문行布門의 관계라 한다. 지혜로 그와 같은 경지 에 들어가서 물러나지 않고 법륜을 굴린다.

미 묘 광 대 지
微妙廣大智로

심 입 여 래 경
深入如來境하야

입 이 불 퇴 전
入已不退轉일새

설 명 보 현 혜
說名普賢慧로다

미묘하고 넓고 큰 청정한 지혜
여래의 경계에 깊이 들어가리니
들어가고 물러나지 아니하여야
보현보살 지혜라 이름하도다.

미묘하고 넓고 큰 청정한 지혜로 여래의 경계에 깊이 들어 가 물러나지 아니하여야 비로소 보현보살의 지혜라 한다.

일 체 최 승 존
一切最勝尊이

보 입 불 경 계
普入佛境界하야

수 행 불 퇴 전
修行不退轉하야

득 무 상 보 리
得無上菩提로다

온갖 것에 가장 훌륭하고 높으신 이가

부처님의 경계에 널리 들어가

행을 닦고 물러나지 아니하여

위없는 보리菩提를 얻게 되리라.

온갖 것에 가장 훌륭하고 높으신 이는 곧 보살이다. 보
살은 부처님이 행하신 모든 경계에 들어가서 수행하고 물러
나지 않는다. 그래서 궁극에는 가장 높은 깨달음의 결과를
얻게 된다. 이러한 길이 곧 모든 불자들이 가야 할 길이다.

(6) 근기를 알다

무 량 무 변 심
無量無邊心과

각 각 차 별 업
各各差別業이

개 유 상 적 집
皆由想積集을

평 등 실 요 지
平等悉了知로다

한량없고 그지없는 모든 마음과

제각기 같지 않은 여러 가지 업이
모두가 생각으로 쌓인 것임을
평등하게 분명히 모두 알도다.

사람들의 한량없고 그지없는 마음 작용과 가지각색의
차별한 업들은 모두 생각이 쌓이고 쌓여서 행동으로 표현된
것이다. 그 어떤 차별한 업이든 생각이 지어 내지 않은 것이
없다. 그것은 모두가 평등하다. 환경을 탓하고 사람을 탓
할 일은 아무것도 없다.

염 오 비 염 오
染汙非染汙와

학 심 무 학 심
學心無學心과

불 가 설 제 심
不可說諸心을

염 념 중 실 지
念念中悉知로다

물들거나 물들지 아니한 것이나
배우는 마음이나 무학無學의 마음이나
말할 수 없이 많은 모든 마음을
생각 생각 가운데서 모두 알도다.

마음 작용이 아무리 여러 가지로 다르다 하더라도 그 근본은 하나의 마음이라는 사실이다. 물결이 아무리 여러 가지 모양을 짓더라도 하나의 물일 뿐인 것과 같다.

요 지 비 일 이　　　　비 염 역 비 정
了知非一二며　　　**非染亦非淨**이며

역 부 무 잡 란　　　　개 종 자 상 기
亦復無雜亂하야　　**皆從自想起**로다

알고 보니 하나도 둘도 아니고
물든 것도 깨끗함도 모두 아니며
또한 다시 어지러운 일도 없나니
모두가 자신의 생각으로부터 일어나는 것이로다.

세계가 하나라거나 둘이라거나 오염되었다거나 청정하다거나 뒤섞이고 어지럽다는 것은 근본적으로 본래 없다. 일체가 그와 같이 보고 느끼는 자신의 생각으로부터 일어난 것이다.

여 시 실 명 견　　　　일 체 제 중 생
如是悉明見　　　　**一切諸衆生**이

심 상 각 부 동　　　　기 종 종 세 간
心想各不同하야　　**起種種世間**이로다

이와 같이

일체 모든 중생이

생각이 각각 같지 아니해서

가지각색 세간이 일어나는 것을 밝게 보도다.

세상이 각각 달리 보이는 것은 중생들의 생각이 같지 않기 때문이다. 예컨대 하나의 사물이나 한 가지 사건을 두고도 사람마다 달리 보고 달리 판단하는 것은 사람들의 생각이 각각 다르기 때문이다. 생각이 같다면 달리 보일 리가 없다.

이 여 시 방 편　　　　수 제 최 승 행
以如是方便으로　　**修諸最勝行**하야

종 불 법 화 생　　　　득 명 위 보 현
從佛法化生일새　　**得名爲普賢**이로다

이와 같은 여러 가지 방편으로써
여러 가지 가장 좋은 행을 닦아서
부처님의 법에서 변화하여 태어나
보현이란 이름을 얻게 되었도다.

중생들의 생각이 다르면 달리 보고 생각이 같으면 같이
본다는 이와 같은 이치와 방편으로 가장 수승한 행을 닦아
부처님의 법에서 변화하여 태어나 보현보살이라는 이름을
얻게 된 것이다. 수행자는 법에 의하여 다시 태어나듯이 부
처님의 법에서 변화하여 새롭게 태어난다.

(7) 세상이 업과 미혹으로 이루어지다

중 생 개 망 기 　　　선 악 제 취 상
衆生皆妄起　　　**善惡諸趣想**일새

유 시 혹 생 천 　　　혹 부 타 지 옥
由是或生天하며　　**或復墮地獄**이로다

모든 중생이 허망한 생각으로
좋고 나쁜 여러 길을 일으키나니

그러므로 하늘에 나기도 하고
지옥에 떨어지는 사람도 있도다.

중생들의 삶은 각양각색이다. 천상과 같은 즐거움을 누리는 이가 있고 지옥과 같은 고통을 받는 이가 있다. 아귀나 축생과 같은 삶을 사는 이들도 있다. 이 모두가 중생들이 허망한 생각으로 만들어 낸 현상들이다.

보살 관 세 간
菩薩觀世間이

망 상 업 소 기
妄想業所起라

망 상 무 변 고
妄想無邊故로

세 간 역 무 량
世間亦無量이로다

보살이 살펴보니 모든 세간이
망상으로 업을 지어 일어나는 것
허망한 그 생각이 그지없어서
세간도 그를 따라 한량없도다.

모든 세상 사람들이 망령된 생각으로 업을 지어서 이와

같은 세상이 생긴 것이다. 망령된 생각이 그지없으므로 세상
도 또한 한량이 없다.

일 체 제 국 토 **一切諸國土**가	상 망 지 소 현 **想網之所現**이니
환 망 방 편 고 **幻網方便故**로	일 념 실 능 입 **一念悉能入**이로다

일체 모든 국토가

망상의 그물로써 나타나는 것이니

마술 그물의 방편으로써

한 생각에 모두 다 들어가도다.

일체 모든 국토와 세상사 모든 것이 망상으로 말미암아
생긴 것이다. 그러므로 그 망상만 깨뜨리면 일체가 다 사라
진다. 망상을 깨뜨리는 방편도 마술을 부리는 일과 다를 바
없다.

(8) 근根과 경境이 걸림이 없다

안 이 비 설 신
眼耳鼻舌身과

의 근 역 여 시
意根亦如是하야

세 간 상 별 이
世間想別異에

평 등 개 능 입
平等皆能入이로다

눈과 귀와 코와 혀와 몸의 근과

의식의 근도 또한 이와 같아서

세간의 생각들이 차별하지만

평등하게 다 능히 들어가도다.

육근六根과 육경六境이 걸림이 없음을 밝혔다. 먼저 육근
이 각각 차별하지만 평등하게 그 세계에 다 능히 들어간다. 들
어간다는 것은 육근 세계의 실상을 꿰뚫어 안다는 뜻이다.

일 일 안 경 계
一一眼境界에

무 량 안 개 입
無量眼皆入하니

종 종 성 차 별
種種性差別이

무 량 불 가 설
無量不可說이로다

하나하나 다 다른 눈의 경계에
한량없는 눈으로 다 들어가되
가지가지 성품이 차별한 것이
한량이 없어서 말할 수 없도다.

육근 중에서는 눈이 언제나 가장 먼저 거론된다. 그만큼 눈의 비중이 크기 때문이다. 온갖 중생들의 하나하나 눈의 경계에 보살의 한량없는 눈으로 다 들어가서 보니 가지가지 성품이 차별한 것이 한량없고 말할 수 없다.

소 견 무 차 별
所見無差別호대

역 부 무 잡 란
亦復無雜亂하니

각 수 어 자 업
各隨於自業하야

수 용 기 과 보
受用其果報로다

눈으로 보는 바가 차별이 없고
또한 다시 어지럽지 아니하지만
자기가 지은 업을 각각 따라서
그 과보를 받도다.

보살의 한량없는 눈으로 다 들어가서 보면 보는 바가 차별이 없이 평등하며 잡란함도 없다. 그런데 중생들은 자신의 업을 따라서 그 과보를 다르게 받는다.

보 현 력 무 량
普賢力無量하야

실 지 피 일 체
悉知彼一切하나니

일 체 안 경 계
一切眼境界에

대 지 실 능 입
大智悉能入이로다

보현보살의 힘 한량이 없어
저렇게 온갖 것을 모두 다 알고
갖가지 눈으로써 보는 경계에
큰 지혜로 다 능히 들어가도다.

보현보살은 지혜와 지혜의 실천행이 뛰어나다. 모든 것을 다 알고 모든 것을 다 실천한다. 그래서 일체 눈으로 보는 경계에 큰 지혜로 다 능히 들어간다.

여 시 제 세 간
如是諸世間을

실 능 분 별 지
悉能分別知하고

이 수 일 체 행
而修一切行하야

역 부 무 퇴 전
亦復無退轉이로다

이와 같은 모든 세간을
모두 다 분별하여 분명히 알고
그리고 온갖 행을 항상 닦으며
또다시 물러나지 아니하도다.

일체 눈으로 보는 경계란 모든 세간의 경계들이다. 모든 세간의 경계를 다 분별하여 알고 모든 행을 닦아서 물러서지 않는다.

(9) 네 가지의 설법

불 설 중 생 설
佛說衆生說과

급 이 국 토 설
及以國土說과

삼 세 여 시 설
三世如是說을

종 종 실 요 지
種種悉了知로다

부처님도 말씀하고 중생도 설하고
온 세계의 국토도 역시 설하며
세 세상도 이와 같이 설하는 것을
가지가지 다 능히 분명히 알도다.

산천초목은 그대로가 청정법신 부처님이고 시냇물 소리
는 그대로가 부처님의 광장 설법이라고 하였다. 부처님은
부처님으로서 설법하시고, 중생은 중생으로서 설법하고, 국
토는 국토로서 설법한다. 또 과거와 현재와 미래라는 모든
시간 역시 그대로가 설법이다. 태어남도 설법이요 늙음도 설
법이요 병듦도 설법이요 죽음마저도 큰 설법이다. 그 모습
을 보고 그 이치를 듣고 그 사실을 알아서 깨달음에 이른다.

(10) 과거 현재 미래가 서로 포섭되어 있다

과 거 중 미 래
過去中未來요

미 래 중 현 재
未來中現在라

삼 세 호 상 견
三世互相見하야

일 일 개 명 료
一一皆明了로다

과거 세상 가운데 미래가 있고
미래 세상 가운데 현재가 있어
세 세상이 서로서로 보게 되는 것을
낱낱이 분명하게 모두 다 알도다.

시간은 과거 현재 미래가 서로 포섭되어 있음을 밝혔다.
그래서 구세九世와 십세十世가 서로서로 함께하고 있다고 하
였다. 경전의 말과 같이 과거 세상 가운데 미래가 있고 미래
세상 가운데 현재가 있어서 과거와 현재와 미래가 서로서로
보게 됨을 낱낱이 분명히 안다.

여 시 무 량 종
如是無量種으로

개 오 제 세 간
開悟諸世間하니

일 체 지 방 편
一切智方便이

변 제 불 가 득
邊際不可得이로다

이와 같이 한량없는 여러 가지로
모든 세간 중생을 깨우치나니
여러 가지 지혜와 방편을

그 끝을 찾아도 찾을 수 없도다.

모든 세상의 중생들을 깨우치는 데는 중생의 수효만큼 많은 방편이 필요하다. 그래서 팔만사천 중생의 병을 다스리는 처방에 또한 팔만사천 가지가 있다고 하였다. 실로 중생도 무한하고 그 방편도 무한하다.

보현행품 경문의 처음 장문에서는 진심瞋心을 한번 내면 백만 가지 장애가 일어난다고 하여 진심을 내는 것을 크게 경계하였고, 다음 게송에서는 부처님과 불법의 일반에 대해 전체적으로 들어가며 대략적으로 설하여 마쳤다.

보현행품 끝

〈제49권 끝〉

華嚴經 構成表

分次	周次		內容	品數	會
舉果勸樂生信分 (信)	所信因果周		如來依正	世主妙嚴品 第一 如來現相品 第二 普賢三昧品 第三 世界成就品 第四 華藏世界品 第五 毘盧遮那品 第六	初
修因契果生解分 (解)	差別因果周	差別因	十信	如來名號品 第七 四聖諦品 第八 光明覺品 第九 菩薩問明品 第十 淨行品 第十一 賢首品 第十二	二
			十住	昇須彌山頂品 第十三 須彌頂上偈讚品 第十四 十住品 第十五 梵行品 第十六 初發心功德品 第十七 明法品 第十八	三
			十行	昇夜摩天宮品 第十九 夜摩天宮偈讚品 第二十 十行品 第二十一 十無盡藏品 第二十二	四
			十廻向	昇兜率天宮品 第二十三 兜率宮中偈讚品 第二十四 十廻向品 第二十五	五
			十地	十地品 第二十六	六
			等覺	十定品 第二十七 十通品 第二十八 十忍品 第二十九 阿僧祇品 第三十 如來壽量品 第三十一 菩薩住處品 第三十二	七
		差別果	妙覺	佛不思議法品 第三十三 如來十身相海品 第三十四 如來隨好光明功德品 第三十五	
	平等因果周	平等因		普賢行品 第三十六	
		平等果		如來出現品 第三十七	
托法進修成行分 (行)	成行因果周		二千行門	離世間品 第三十八	八
依人證入成德分 (證)	證入因果周		證果法門	入法界品 第三十九	九

（資料：文殊經典研究會）

會場	放光別	會主	入定別	說法別舉
菩提場	遮那放齒光眉間光	普賢菩薩為會主	入毘盧藏身三昧	如來依正法
光明殿	世尊放兩足輪光	文殊菩薩為會主	此會不入定．信未入位故	十信法
利天宮	世尊放兩足指光	法慧菩薩為會主	入無量方便三昧	十住法門
摩天宮	如來放兩足趺光	功德林菩薩為會主	入菩薩善思惟三昧	十行法門
率天宮	如來放兩膝輪光	金剛幢菩薩為會主	入菩薩智光三昧	十廻向法門
化天宮	如來放眉間毫相光	金剛藏菩薩為會主	入菩薩大智慧光明三昧	十地法門
普光明殿	如來放眉間口光	如來為會主	入剎那際三昧	等妙覺法門
普光明殿	此會佛不放光．表行依解法依解光故	普賢菩薩為會主	入佛華莊嚴三昧	二千行門
祇園林	放眉間白毫光	如來善友為會主	入獅子頻申三昧	果法門

如天 無比

1943년 영덕에서 출생하였다. 1958년 출가하여 덕흥사, 불국사, 범어사를 거쳐 1964년 해인사 강원을 졸업하고
동국역경연수원에서 수학하였다. 10여 년 선원생활을 하고 1976년 탄허스님에게 화엄경을 수학하고 전법, 이후
통도사 강주, 범어사 강주, 은해사 승가대학원장, 대한불교조계종 교육원장, 동국역경원장, 동화사 한문불전승가
학원장 등을 역임하였다.
현재 부산 문수선원 문수경전연구회에서 150여 명의 스님과 250여 명의 재가 신도들에게 화엄경을 강의하고 있다.
또한 다음 카페 '염화실' (http://cafe.daum.net/yumhwasil)을 통해 '모든 사람을 부처님으로 받들어 섬김으로써
땅에 평화와 행복을 가져오게 한다.'는 인불사상(人佛思想)을 펼치고 있다.

저서로『법화경 법문』,『신금강경 강의』,『직지 강설』(전 2권),『법화경 강의』(전 2권),『신심명 강의』,『임제록 강설』
『대승찬 강설』,『유마경 강설』,『당신은 부처님』,『사람이 부처님이다』,『이것이 간화선이다』,『무비 스님과 함께하
는 불교공부』,『무비 스님의 증도가 강의』,『일곱 번의 작별인사』, 무비 스님이 가려 뽑은 명구 100선 시리즈(전 4권)
등이 있고 편찬하고 번역한 책으로『화엄경(한글)』(전 10권),『화엄경(한문)』(전 4권),『금강경 오가해』등이 있다.

대방광불화엄경 강설 제49권

| 초판 1쇄 발행_ 2016년 11월 17일
| 초판 3쇄 발행_ 2018년   3월 21일

| 지은이_ 여천 무비(如天 無比)
| 펴낸이_ 오세룡
| 편집_ 박성화 손미숙 정선경 이연희
| 기획_ 최은영
| 디자인_ 고혜정 김효선 장혜정
| 홍보 마케팅_ 이주하
| 펴낸곳_ 담앤북스
　　　　서울특별시 종로구 사직로8길 34 (내수동) 경희궁의 아침 3단지 926호
　　　　대표전화 02)765-1251 전송 02)764-1251 전자우편 damnbooks@hanmail.net
　　　　출판등록 제300-2011-115호
| ISBN   979-11-87362-35-7 04220

정가 14,000원